まだまだ仕事を
引退できない
人のための

50代からのキャリア戦略

“バブル入社組”の
リアルな声から導き出した
3つの答え

元永知宏

明治大学大学院
グローバル・ビジネス
研究科教授
野田稔 監修

SE
SHOEISHA

はじめに

あの時、人気企業の内定通知を何枚ももらった〝バブル採用組〟は、もう50代半ばになりました。

すでに多くの企業での「役職定年」の年齢を過ぎ、定年退職の年齢までもう数年しかありません。役職手当はなくなり、給与も減らされる一方です。

いったい何歳まで働けばいいのか——そう考えながら、銀行通帳を眺める人もいるでしょう。

高齢化が進む中、安心して老後を過ごすためには2000万円の貯蓄が必要だと日本政府は言います。その金額では、海外旅行などのぜいたくはできないという経済評論家の指摘もあります。

今、あなたが開いた銀行通帳に8ケタの数字が並んでいるなら、ここで本書を閉じていただいても問題はありません。きっと豊かな老後が待っています。

銀行通帳の数字を見て不安を覚えた人は、このまま読み進めてください。

今のままでは、これから先、生き残ることはできそうにありません。会社員として素晴らしい功績を残した人も、今ひとつパッとしないサラリーマン人生を送った人も一緒です。

「過去」はこれからの武器にならないどころか、足かせになるかもしれないのです。

一度、自分自身にこう問いかけてみてください。


何歳まで働くつもりなのか？

これからの10年、あるいは15年で、どれだけ稼がないといけないのか？

養うべき家族はいるのか？

どれほどの貯蓄があり、今後どれだけの収入を見込めるか？


すべてを計算したら、答えがきっと見つかるでしょう……そう、あなたはまだ働かなくてはいけないのです。


昔の人はこう言いました。

「働かざる者、食うべからず」

2020年代の日本では、いや、これからも、きっとこの言葉が生き続けることでしょう。

これまでコツコツと支払ってきた国民年金が戻ってくるのはいつのことなのか？

支給開始の年齢は60歳→65歳になり、今後は、65歳→70歳、70歳→75歳になる可能性もあると言います。

これまで普通の生活してきた人に悠々自適の老後が用意されることはおそらくないでしょう。

もう一度、書きます。

「働かざる者、食うべからず」

私たちの人生に、引退のふた文字はありません。

しかし、絶望したらそこでおしまいです。

本書を執筆するにあたり、多くの〝バブル入社組〟に話を聞きました。

充実した会社員人生を送った人もいれば、大企業からドロップアウトしてから地獄を見た人もいます。

50代になった〝バブル組〟（その前後の世代も）に共通するのは、これからも働き続けないといけないという現実です。 それは当座の生活資金を求めるためかもしれないし、名声を得るためかもしれない。時間を持て余してというケースもあるでしょう。

職業に貴賤はない——しかし、報酬の高い仕事もあれば、肉体的にキツい割に報われない仕事もあります。

あなたは何を選ぶのか？
どんな働き方をするのか？

これから10年、あるいは15年、働くことから逃れられないと腹をくくった時に、考えるべきことがあります。

何をして働くのか？
どうやって稼ぐのか？
今の自分に何ができるのか？

還暦がそこに見える年齢になって、私たちは自らの生き残り戦略を立てることを求められているのです。そうしなければ、毎日、苦しい労働、つらい作業に追いまくられることになるから。

できることなら、儲けの大きい仕事を！

世のため、人のためになることを！

人から尊敬される存在に！


思い描く姿は人それぞれです。いろいろな形があっていい。

しかし、私たちはもう年齢を重ねており、できる仕事は限られています。

今しなければいけないのは、「これからも働き続ける」と覚悟を決めること。

そのためには、健康も大事だし、家族の平和も保たれなければなりません。


１９８０年代、たいした勉強もせず、自由を謳歌した大学生が〝バブル〟に乗って社会に出ました。30年以上の時を経て、これから何ができるのでしょうか？

たしかに、記憶力や体力、エネルギーは低下したかもしれません。昔のような好奇心も持っていません。

しかし、**いろいろなことと引き換えに得た経験は貴重な財産になっています（と思いたい）。**

まだできることはあるはずです。

残念なことに（幸運なことかもしれませんが）私たちは働き続けなければいけない。それはつまり「何者かになる」可能性がまだあるということです。もちろん、前途は多難で、厳しいことしか、目の前にはありません。

しかし、よく考えてください。

私たちにはまだ時間が残されていて、多くの人は気づかないけれど、新しくスタートを切る権利を持っているのです。

それを行使するのか――

それを使って何をするのか――

決めるのはあなたです！

私たちに残された未来について、生き残るためのキャリア戦略について、私はみなさんと一緒に考えたい。

いかに働くか＝いかに生きるか

ということ。

50代からリスタートする権利を行使する幸運を噛みしめながら、本書を読み進めていただけたら、これほどうれしいことはありません。

２０２３年12月　元永知宏

CONTENTS

CONTENTS

第4章 会社員の生き方を変えた決断

CASE 3

旅行代理店社員の場合

大学院でMBAを取得して「会社を変える」

CONTENTS

CASE 4
外資系企業社員の場合
留学で語学力を磨いてアメリカ有名企業を転々と

CASE 5
大学教授の場合
商社からドロップアウト、イギリス留学を経て大学教授に

第5章

バブル組、就活の決算と新しい働き方
～時代が変わっても生き残る方法～

装丁・本文デザイン
金井久幸＋川添和香
（TwoThree）

DTP
TwoThree

第1章

5社以上から内定通知！バブル時代の就職活動

●「バブル」時代の到来

日本全体がバブル経済に踊らされていた時代——**土地の値段も株価も上がる中、みんなが熱に浮かされたように24時間働き続け、消費しまくっていた数年間が、たしかにありました。**

日本の企業が競うように外国の土地や美術品を購入し、海外旅行に行ったマダムたちが高級ブランド品を買いあさっていた頃。〝エコノミックアニマル〟と非難をされても、日本人は痛みを感じることはありませんでした。「日本が世界の経済を動かしている」と本気で考えていたからです。

〝バブル経済〟は、1986年12月に始まり、1991年2月に終焉を迎えたと歴史の教科書に綴られています。

多くの人間が好景気の波に乗せられ、思ってもみないところに運ばれていきました。「これがずっと続くはずがない」とどこかで思いながらも、それでも大酒を飲み、狂うように踊り続けたのです。

■バブル期の株価の推移（日経平均株価）

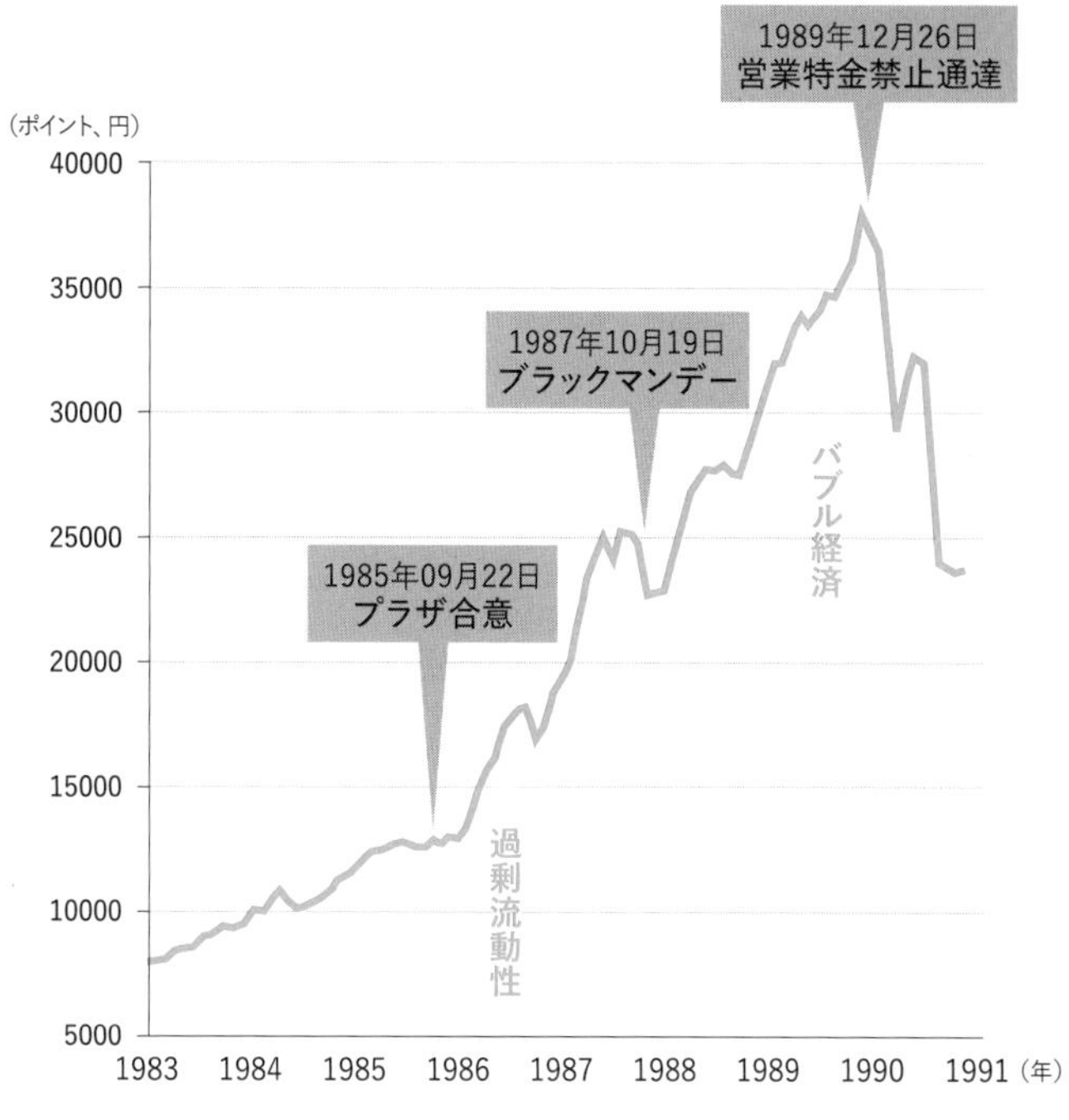

出典：東京証券取引所資料より作成

1986年4月に立教大学に入学し、1990年3月に卒業した著者もそのバブルの真っただ中にいました。体育会野球部に所属していたこともありますが、先輩たちの就職活動を横目で見ながら、いささかの不安も感じませんでした。実際、多くの四年生は6月頃（六大学の春季リーグ戦が終わる）まで就職活動に励んでいるように見えなかったのに、いつの間にか人気企業への就職を決めていました。

あの頃、大学生はどのように就職活動を行っていたのでしょうか？

人気企業ランキングの上位に名を連ねる企業から内定を得た〝就活成功者〟の体験談を聞きました。

当時は、定年退職まで雇い続ける〝終身雇用〟が当たり前でした。現在のように、自由に転職できるような土壌もありません。

30数年も一緒に働くのなら、優秀な新入社員を採りたいと考えるのが普通ですが、〝バブル採用組〟は少し様子が違っていました。

簡単に言えば、採用条件のハードルが下がり、入口が広くなったのです。それは、〝より多く〟の新入社員を採ろうと考える会社が増えたから。

新入社員に求めたのは質より数 事業拡大を目指す企業は何も知らない学生を欲しがった

男女雇用機会均等法が施行されたのが1986年（制定は1985年）。男子学生に比べれば難しいと思われた女子の就職も、それ以前と比較すれば苦労は少なかったようです。

1966年生まれ、女子短期大学卒のKさんは言います。

「私は1987年に、音響機器メーカーに就職しました。当時はバブルだったので、それまでと比べると大量採用でしたね。同期入社は100人以上いて、女子は10数人という割合でした。あとでわかったことですが、取引先の紹介など縁故入社の女性が多く、それ以外は学歴よりも男性社員のアシスタントとしての適性が重視されたような気がします。私は特に戦略を立てて就職活動をしたわけではありません。第一志望の会社の選考が早い時期にあり、早々に内定をいただくことができました。なので、苦労したという記憶はないですね」

次々に事業を拡大したい企業は、パワフルでエネルギーにあふれた新入社員を求めました。

もちろん学歴はあったほうがよいが、質と同時に数も重視されました。
それまでよりも大量の新入社員を採用することを多くの企業が目指したのです。

1986年に東京の私立大学に入学し、1989年に就職活動を行ったBさんは当時をこう振り返ります。

「その頃はインターネットがまだ普及しておらず、企業のホームページもなく、その業界についても、会社自体も知ることが難しかった。東洋経済新報社が出している『会社四季報』があったくらい。社会にどんな仕事があるのかもよくわかっていなかったし、給料や福利厚生などの情報もほとんどなかったですね」

大学の就職課にあるOB・OG名簿を頼りに、気になる会社に勤める先輩にコンタクトするしか方法はありません。当然、オフィスに電話をかけることになります。

「自分がどんな仕事に向いているか、見当もつかない。自分が知っている会社とか商品を手掛かりに探すしか方法はなかったですから」

■バブル世代と2020年における就活環境の違い

	1990年	2020年
18歳人口	約200万人	約117万人
大学進学率 （短大含む）	24.6%	58.6%
4年生大学1学年 あたりの学生数	約53万人	約73万人
短期大学1学年 あたりの学生数	約24万人	約6万人
業界・企業を 知るための ツール・手段	就職情報誌 ダイレクトメール 合同企業説明会 大学就職課 （キャリアセンター）	就職情報サイト インターンシップ 新卒人材紹介会社 企業ホームページSNS 合同企業説明会 ダイレクト リクルーティングサイト キャリアセンター

出典：総務省統計局・文部科学省学校基本調査より作成

企業研究もせず確たる志望動機も持たないまま先輩に話を聞くところから就職活動は始まった

のちに〝バブル採用組〟と呼ばれる新入社員を迎え入れる会社が多かったことは大学生にとって幸運でした。しかし、当人たちにとっては人生で初めての就職活動だから、その実感はありません。

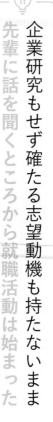

「通っている大学のレベルとか、自分の実力を考えると、『本当なら無理だろうな』と思う会社にも入れるチャンスがありました」

法学部で学ぶBさんははじめから、法曹関係に進むつもりはありません。マスコミ関係に興味があったものの、早々にそれをあきらめました。

「実際にＮＨＫの人にも会って話を聞いたんだけど、筆記試験があって、それを突破しないと先には進めない。マスコミ対策用の勉強はまったくしてこなかったから、どうにもならないと思いました」

会社に対する知識がないからこそ
人気企業に臆することなく入っていくことができた

●熱く夢を語る若手社員の言葉に刺激を受けて

当時の大学では、専門的な学問を究めたり、自身の研究を深めたりしようと考える学生のほうが少数派でした。

どこの大学にもスポーツ系や文化系のサークルがあり、夏には海でキャンプや合宿、冬にはスキー、それ以外の季節にはテニス、若者たちは存分に自由を謳歌していました。

四年生になったBさんには「自分はまだ何者でもない」という自覚があったから、多くの卒業生に会って話を聞いたのです。

「先輩たちは自分の勤め先から『いい学生を確保しろ』と言われていたらしく、誘われることも多かったですね。自分のこともわからないし、会社のことも仕事についても知らないものだから、真剣に話を聞きました。知識がないからこそ、いろいろな業種で活躍することができるんじゃないかとも思えました」

当時の日本経済は右肩上がり、多くの企業が「イケイケ」でした。そこに勤める若手社員の言葉にも力がありました。

「何歳かしか違わないけど、自信に満ち溢れているように見えましたね。僕自身はいろいろな世界を見ることができる会社で働きたいなと漠然と思っていた。もしメーカーに入ったら、その業界のことだけになる可能性が高い。飲料なら飲料、食品なら食品、自動車なら自動車という具合に」

それに、メーカーの主役は理系の開発者ではないかという思いもありました。

「メーカー以外に考えたのは金融系の会社でした。銀行や証券会社、保険会社など、選択肢はたくさんあった。ある先輩に『メーカーだったら、その商品が嫌いな人に買ってもらうのは難しい。だけど、お金はそうじゃない。扱う人間の力量次第でどうとでもできる』と言われて、たしかに、仕事のやりがいとしてはそっちのほうがあるかもしれないと思いました」

Bさんは就職先を金融関係に絞りました。

銀行に勤めればいろいろな会社の人と付き合えるしさまざまな業界を見ることができる

「当時の銀行は勢いがすごくて、リクルーターである先輩も熱く夢を語っていた。ユニバーサルバンクという言葉を聞くだけで、世界と戦えるような気にもなりました。実際に日本の銀行が世界の金融市場で重要な役割をしていたし、『ディーラーという仕事はカッコよさそうだな』とかいろいろ思いましたよ（笑）」

Bさんは都市銀行の内定を得た。**同期入社は500人ほどでした。**

「そこに決めたのは、人の縁です。入ってしまえば、自分次第だと思っていました。バブル組は大量採用だから、先輩たちに比べれば出世が難しい。自分の実力よりもレベルの高い会社に入って苦労した人も多いだろうけど、**普通なら入れないところに入社できたことは本当**

に幸運だったと思う」

就職はスタートでもあり、ゴールでもありました。

就職先の企業名を出して、同級生たちに胸を張る大学生の姿がそこここで見られました。

就職の決め手はその会社の知名度。難しいとされるところに入るために学生たちはしのぎを削った

●先輩社員であるリクルーターが持つ絶対的な力

1987年に早稲田大学に入学したMさんは、先輩社員であり、大学生を選ぶ権利を持ったリクルーターに泣かされたひとりです。

「伊藤忠商事に入りたくて、早稲田の先輩にOB訪問をしました。あとでわかったんですけど、そのレストランというかカフェみたいなところと会社が契約していて、そこが面接会場みた

いになっていました」

エントリーシートを書かせる企業が少数派だった時代。若い社員が面接官となって、大学生を選び、ふるい落とす役割を負っていたのです。

「その店では、学生と若手社員が向かい合っていろいろな話をしているんですけど、当然そのやり取りが聞こえてくるわけです。『ほかはどこの会社を?』と聞かれたから『三菱商事です』と答えたら、『あんな殿様商売の何がいいんだ』と言われたりしました。それを聞いた隣の席の学生が『こいつ、落ちたな』という顔をしたのに気づきました」

その年、600人の早稲田の学生が伊藤忠商事を志望していたといいます。

「もちろん、リクルーターは何人もいたんですけど、それだけの人数と会うことだけでも大変ですよね。ほかの商社を受けた時には、どんな返答をしても怒られて、リクルーターに泣かされたことがあります」

当時は携帯電話もなく、インターネットはまったく普及していませんでした。

「ひたすら自分の部屋にいて、リクルーターから連絡が来るのを待ちました。彼らのお眼鏡にかなった学生が面接に呼ばれて、次のステップに進んでいく。これもあとで知ったのですが、僕の場合、60人を選ぶ予定のリクルーターの60番目が埋まらなくて仕方がなく呼ばれたそうです」

何回かの面接を通過したのち、内定者の集まりに呼ばれることになりました。

「立食パーティーみたいな感じで、慶應義塾出身のお坊ちゃまとか、どこかの議員の子息とか、いろいろな人がいましたね。

僕が伊藤忠商事に就職を決めたのは、ネームバリュー、知名度。自分に向いているかどうかなんて、関係なかった。難しいとされるところに入るための競争をしていたように思います。人気のある会社に入ることが『いい』とされる、そういう時代だったんです」

厳しい受験戦争を勝ち抜いた学生たちが、次に挑んだのが就職活動だったのです――。

●体育会の学生は「兵隊」として大量採用

受ければ受けるだけ内定通知が増える。最終的に入社するのはひとつだけですが、選択肢は多いほうがいい。売り手市場であれば、大学生もエネルギッシュに活動できます。

会社の資料を取り寄せ、面接のチャンスをもらうまでの手続きは面倒でしたが、それをいとわない学生がたくさんいたものです。

■バブル期の人気企業ランキング(1989年)

文系	順位	理系
三井物産	1位	日本電気
三菱商事	2位	ソニー
JTB日本通信公社	3位	富士通
JR東海	4位	NTT日本電信電話
NTT日本電信電話	5位	日本アイ・ビー・エム
伊藤忠商事	6位	松下電器産業
電通	7位	日立製作所
住友銀行	8位	三菱電機
全日本空輸	9位	東芝
第一勧業銀行	10位	鹿島建設
日本航空	11位	本田技術工業
住友商事	12位	日産自動車
富士銀行	13位	トヨタ自動車
東京海上火災保険	14位	清水建設
ＪＲ東日本	15位	三菱重工
三菱銀行	16位	ＪＲ東海
博報堂	17位	大林組
日本興業銀行	18位	竹中工務店
三和銀行	19位	大成建設
三井不動産	20位	旭化成工業

引用:就活応援ニュースゼミ「平成の人気企業ランキング〜バブル期編〜」

１９８６年に関西の私立大学に入学したＦさんは、ゲーム感覚で就職活動に臨んでいました。

「私は資料請求のはがきを２００枚くらい書きました。リクルートが就職活動用の分厚い本を出していて、資料請求はがきが付いていた。それを切って、自分の名前や簡単な履歴を書いて会社に送る。リアクションがあることを楽しんでいましたね」

企業から送られてくる「お祈りメール」を受け取るしかない今の学生にはないバイタリティがあった

資料請求はがきを見た人事担当者から連絡が来る仕組みでした。

「一番はじめに話を聞いたのは、スーパーマーケットのダイエー。大学四年の5月くらいに自宅に電話がかかってきて『会社にきてほしい』と言われました」

Ｆさんは高校時代に野球部、大学では拳法部に所属していました。

「体育会のリストがどこかから流れていたようです。当時、ダイエーにはカリスマと呼ばれた中内功さん（ダイエー創業者）がいて、ものすごく勢いがありました」

Fさんは担当者に言われた言葉を今でも覚えています。

「君たちに求めているのは営業力です。命令を聞いて、それに従って働くことを期待しています」

国内外に多店舗を展開するにあたって、文句を言わずに動く「兵隊」が求められたのでしょう。「丈夫で元気」な体育会出身の学生はうってつけの人材です。

「また電話がかかってきて『すぐに内定を出しますよ』と言われました」

大学の就職課には業種別の卒業生リストがそろっていました。

「いろいろな人の就活日記みたいなものがノートに書いてあって、面白かったたし、勉強になりましたよ。今のSNSみたいな感じかな。『こんなひどい面接を受けた』とか、実際に体験した人にしかわからない生の声が書いてありました」

Fさんは銀行に勤める先輩たちからも呼び出しを受けました。

「いろいろな人から『うちに来いよ』と言われました。どこの銀行がいいかというよりも、どの先輩と働きたいかという感じで考えていました。銀行の内定者拘束日があって、その日までにどこかを選ばないといけない。行けばそのまま監禁されて、そこに決めないといけなくなる。私は文学部なのに金融の会社ってどうなんや？　と思って『私、文学部ですけど』と言っても、『そんなん、関係ない、ない』という感じで」

あの時代、体育会の学生を求める企業はたくさんありました。

「さすがに日本興業銀行みたいなところは京都大学や大阪大学じゃないと相手にされないけど、都市銀行ならチャンスがありました。のちに統合される銀行、埼玉銀行や三和銀行からは頻繁に誘われました」

体育会の学生が求められていると実感したFさんは、思い切った行動に出ました。

「OBも知り合いもいない会社に、『拳法部』と書いた自分の名刺を持って飛び込みで行きました。大阪のオフィス街の有名企業に。『体育会の学生が人気なんだったら、売り込まないと損だ』と思って」

オフィスのセキュリティも甘かったし、受付の人も学生に優しかったことも幸運でした。

■バブル期の就職活動の思い出

Q ご自身の就職活動当時を思い出して、
あてはまるものすべてにチェックをつけてください（複数回答可）

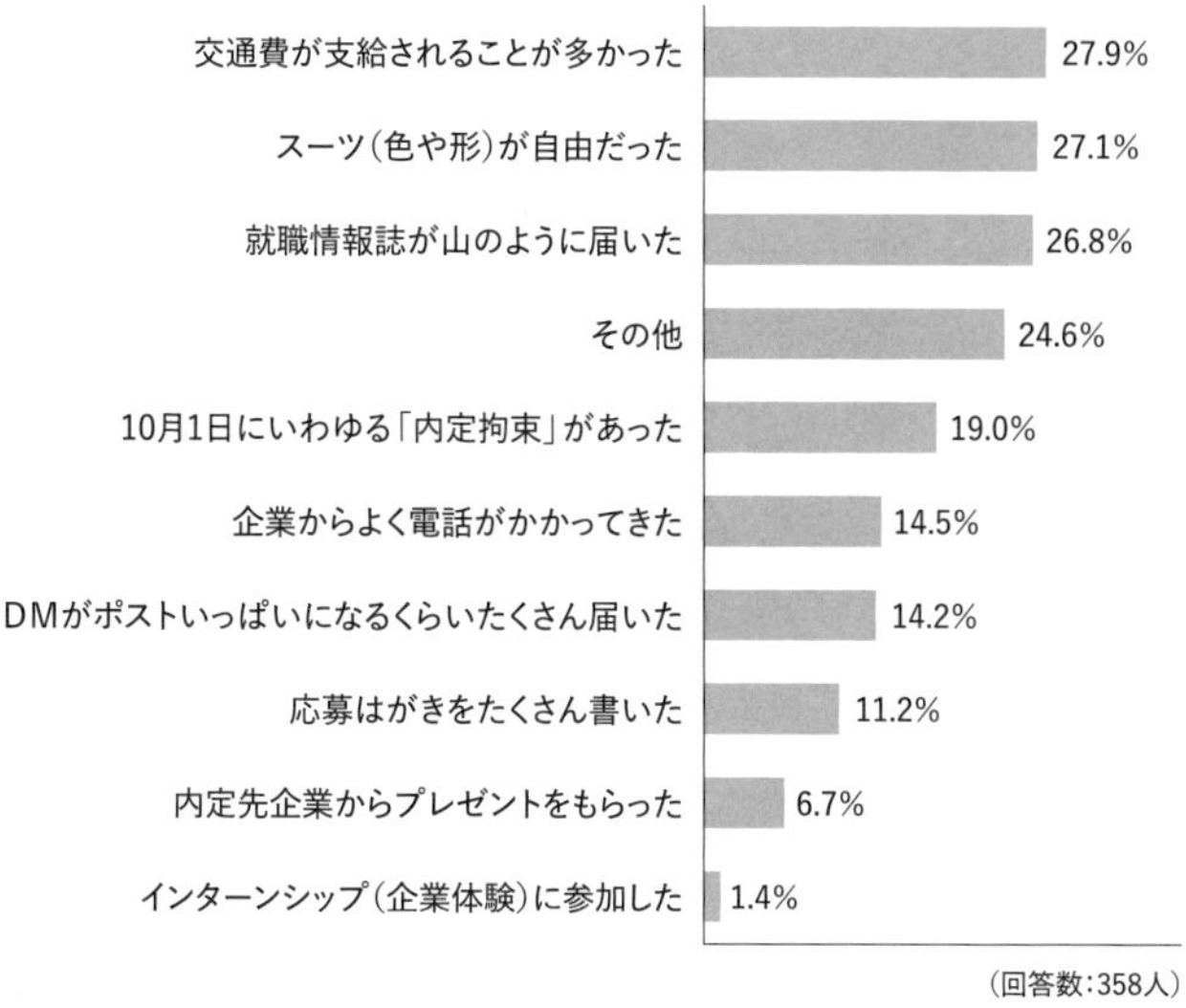

出典：マイナビ「就職活動に対する親たちの意識調査」より作成

「すぐに人事担当者につないでくれることもありました。その会社のことを質問してちゃんと答えてもらえる機会なんか、学生のうちしかないじゃないですか。そう考えて各業界のトップと言われる会社は全部回りました。

もし自分が社会人になって営業の仕事をするんだったら、これはいい経験になる。入社前研修として企業や業界研究、度胸試しのつもりでした。ものすごく面白かった」

インターネットで履歴書やエントリーシートを送る今のシステムでは得られないものがありました。

●内定者拘束日には温泉地でどんちゃん騒ぎ

企業はいち早く、少しでも優秀な人材を確保したい。ほかの会社に取られたくない学生を文字通り、〝監禁〟することも珍しくはありませんでした。

携帯電話がない時代だから身柄を押さえさえすれば ほかの企業はコンタクトを取れない

Ｆさんは当時をこう振り返る。

「集合日とか、試験日とかという名目で内定者を集めて、ほかの会社の試験を受けられないようにするということを、どこも当たり前のようにやっていましたね」

内定者を集めて海外旅行に行く会社、一流ホテルのレストランで豪華な食事でもてなす会社。あの手この手を使って、人材確保にいそしんだものです。

その年は10月1日が内定者の拘束日でした。

「関西在住の内定者が集められて、山陰地方の温泉に一泊二日で行きました。もちろん、すべて会社持ちで。男性採用、女性採用メンバーも一緒にお酒を飲みながらどんちゃん騒ぎ。とんねるずのテレビ番組『ねるとん紅鯨団』（フジテレビ系列）が大人気だったから、それをマネて告白し合ったりして」

Fさんが内定を得た旅行会社には、航空会社志望の女子大学生がいました。

「まだ男性と同じように働ける会社が多くなかったから、CA（キャビンアテンダント）を目指している人も大勢いたようです。拘束日、公衆電話の前に多くの女子学生が並んでいました（笑）。OGに連絡したり、自宅の留守番電話で内定通知を確認していたようです」

Fさんの同期は800人を超えていたといいます。

「その会社を選んだのは、自分が大学で学んだ地理の知識を生かせそうだから。もうひとつは、観光産業は絶対に伸びると思っていたから。当時はまだツーリズム産業という言葉すらなかったんですけどね」

人気企業への内定通知を得た大学生はその後、どんな会社員人生を送ったのでしょうか。次章で、彼らがたどった30数年を追いかけていきます。

野田稔解説

日本がバブル経済で盛り上がっていた頃、私は野村證券のグループ会社である野村総合研究所にいました。

ボーナスはほぼ株式市場に連動するようなものだったので、分不相応に高額なマンションを購入する人がたくさんいました。

「あれっ」と思ったのは、1990年が明けた瞬間。株価が下落して、すぐに緊急事態を迎えたのです。

私たちの頭の中で黄色信号がともり、すぐに赤信号に変わりました。

そのうち、高額のボーナス払いでマンションのローンを組んでいた人たちによって、経理部の前に長蛇の列ができていました。定期預金を解約して、ボーナス払いの分にあてるためです。

私たちは「日本の経済は危ない」と言い始めたのですが、1991年にはもう完全にアウトでした。ほかの業界の人たちが「バブルが終わった」と実感したのはもっとあと、1993年くらいかもしれません。

あの頃、好景気を呼び込んだのは自分たちの実力だと多くの日本人が考えていたはずです。金融はもちろん、自動車も家電メーカーも、不動産も絶好調だった。誰もが「これが俺たちの実力、日本の実力だ」と自信を持っていたことでしょう。

実際に、日本企業の競争力には、目を見張るものがありました。

たとえば製鉄の分野では、新日本製鐵をはじめとする日本企業が圧倒的に強くて、シームレスパイプなどほかにはない技術を誇っていました。

ですから、１９８０年代後半は、アメリカ企業にとって地獄の時代になりました。日本企業は彼らに代わる存在として認められたのです。

バブル経済はすぐに弾けてしまったけれど、当時はまだ足腰の伴ったバブルだったと私は考えています。

「1」しかないものが「10」に膨らみ、また「1」に戻るだけならよかったのですが、１００倍のレバレッジをかけてしまったために問題がさらに大きくなっていった。**そのあとの30年間は後遺症に悩まされることになりました。**

信用の過剰生産をしてしまったことによって起こった悲劇です。

経営陣が先を見通すことができないまま、多くの企業が拡大路線を突き進んでいった。

1980年代後半に大量に採用された〝バブル組〟はこうして生まれたのでした。

しかし、一度膨らんでしまったものがしぼむのは当然のこと。

私たちは冷静に分析していましたが、想定外だったのはバブル崩壊によって実体経済以上に落ち込んでしまったこと。

不安がさらなる不安を呼んだ。〝日本人の不安症候群〟によって、状況は悪化の一途をたどることになります。

■日経平均株価の30年の推移

出典：東京証券取引所資料より作成

第1章のポイント

バブル採用は質より数、誰にでも
実力以上の企業に入るチャンスがあった

自分に向いているかは関係ない
人気の会社に入ることが「いい」とされる時代

企業が欲しいのは文句を言わない「兵隊」
営業力と体力のある**体育会の学生**が求められた

バブル崩壊後30年の後遺症
信用の過剰生産によって起きた日本の悲劇

第2章

バブルの悲劇はなぜ起こったのか？

～50代会社員の今～

バブル世代のリアル

第1章で見てきた1980年代後半に就職した〝バブル組〟は現在、50代後半になりました。昔であれば、55歳は会社を定年退職していた年齢です。

今、多くの企業では、定年退職の年齢が60歳まで引き上げられています。それを65歳まで伸ばそうという動きがあり、定年退職になったあとも、再雇用制度によって職場に残ることが一般的になりました。しかし、**給料は定年前の7割程度に引き下げられるところも、3分の1程度まで落ちるところもあります。**

定年の前に役職定年になれば、部長や課長などの役職から外れ、給与は低くなります。

晩婚化が進む中、40代で子どもを授かる夫婦も少なくありません。この世代が国民年金を受け取れるのは65歳以降。もっと先延ばしにされる可能性は高い。

定年退職者に対する退職金もかつてに比べれば目減りしています。物価高は止まることなく、生活を圧迫し続ける中で、ハッピーリタイアメントを迎えられる人は多くありません。悠々自適な老後を迎えられる50代、60代のほうが少数派です。

■50歳の平均年収(2022年)

平均年収 561万円　中央値 469万円

男女別	
男性	642万円
女性	418万円

雇用形態別	
正　規	677万円
非正規	574万円

学歴別	
大　卒	793万円
専門卒	532万円
高　卒	496万円

企業規模別	
大企業	677万円
中企業	574万円
小企業	457万円

引用：厚生労働省「令和4年賃金構造基本統計調査」より作成

給料が下がっても職場にしがみつきたい。

どんなにキツい仕事であっても、あるだけまし。

体力や記憶力などの低下を自覚する50代の多くが求めるのは、「条件のいい仕事」となるのではないでしょうか。

できるだけ少ない時間、労力で安定した稼ぎを！

というのが本音でしょう。

しかし、このご時世、そんなものが転がっているとは思えません。

●ひとつの課に新入社員が3分の1！

本書の監修者であり、明治大学大学院で経営学を教える野田稔教授は1957年生まれ。

一橋大学卒業後の1981年4月、野村総合研究所に入りました。〝バブル組〟からすれば6、

50代の平均貯蓄額

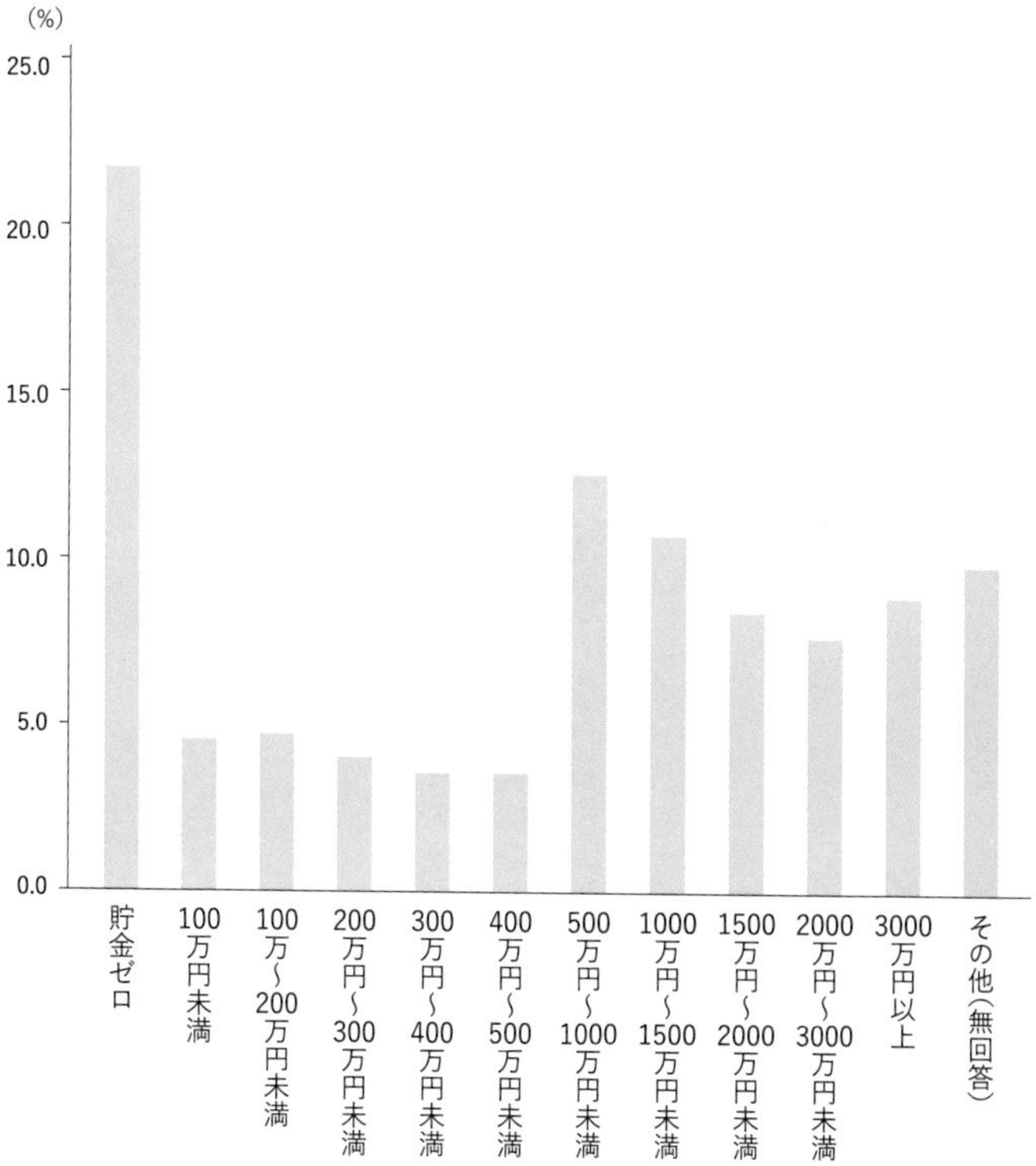

金融広報中央委員会「家計の金融行動に関する世論調査」【二人以上世帯調査】(2019年)より作成
https://www.shiruporuto.jp/public/document/container/yoron/futari/2019/pdf/yoronf19.pdf

7年先輩にあたります。

30歳を過ぎて〝バブル組〟を迎えるにあたり、当時の野田教授はどんなことを思ったのでしょうか。

「1980年代の後半、私は野村総合研究所の課長でした。だから、彼らのことはよく覚えています。野村総研は、バブル期でも大量に新入社員を採用するということはありませんでしたが」

多くのクライアントを通じて、新入社員の状況は把握していたのです。

「**ひとつの課の3分の1が新入社員だということも珍しくありませんでした。**そういう職場の特徴として、人材育成が荒っぽかった。外部にいる私から見ても『大丈夫なんですか？』と言いたくなるような有様でした」

当時の大学生は企業研究も十分ではなく、スキルもほとんどなく、とても即戦力にはなりえません。大学生がただスーツを着て、名刺を持っているだけでした。

「それでも、ものすごく景気がよかったので、どの会社にも仕事はたくさんありました」

『リゲイン』が発売されたのは1988年。それは〝世界を戦う企業戦士のため〟に登場した栄養ドリンクでした。コマーシャルソングは60万枚も売れ、「24時間戦えますか」というフレーズは流行語にも選ばれています。

「新入社員たちは、目の前に転がっている仕事や雑用にあっという間に巻き込まれていきました。**基礎をつくる時間もなく、いきなり実践です。それがどの会社でも当たり前の風景でしたね**」

どの会社も「イケイケ」で社員たちもアドレナリンが出まくりだった

野田教授は、かつて同じ職場で働いた〝バブル組〟の言葉が印象に残っているといいます。

「現在、スイスに本拠地を置くビジネススクール・ＩＭＤの北東アジア代表をつとめる高津尚志さんは１９６５年生まれで、１９８９年に日本興業銀行に入行した人。彼とはリクルートにいた時に一緒に新規事業の担当をしていました。

ある時、彼はこう言ったんです。『就職した時には同期が大量にいて、みんなで手をつないで横一列に広がって歩いていた。ところが景気が悪くなって気がついてみると、道はだんだん狭くなっていて、ひとりふたりと転げ落ちた。遠くには細い道が見えるけど、それも途中で途切れているみたいだ』と」

〝バブル組〟の偽らざる心境でしょう。

「ものすごく実感がこもった言葉だと思います。高津さんは、日本興業銀行からボストンコンサルティングファームを経て、リクルートに移ってきた、当時としては珍しくキャリア自立している人物でしたね」

入社時には先輩社員の熱い言葉に背中を押されましたが、数年経って業績が悪くなった途端、誰もチャレンジを奨励しなくなったのです。『こんなはずでは……』と思った人も多いはず。

はじめに配属された職場できちんとしたOJTを受けていないから社会人の基礎力に欠けていた

野田教授は続けます。

「彼らからすれば、『約束が違う』ということでしょうね。ビジネスマンとしての基礎がないため、取引先や職場内でのやり取りも危なっかしい人がいた。だから、そのあとで苦しんだことでしょう」

「社会人的基礎力」が不足したまま中堅に

あの頃、余計な色が付いていない若手が求められたのは事実。上司や先輩からすれば、いちいち説明するのはわずらわしい。「何も考えなくていいから、言われた通りに動け」というのが本音でした。

本来であれば、新入社員が一人前になるまで面倒をみてくれるはずの先輩、上司もそこまで手が回りませんでした。みんなが仕事に追われていたという事情もあります。

「人事側から見ても、新人が大量にいすぎるものだから、きめ細かい配置ができていない。とりあえず、人員が不足している部署に押し込んで、『あとはよろしく』とやってしまった。ところがその後、景気後退期になると、今度は異動させようと思っても人員を減らしたい部署ばかりで受け入れ先がなくなってしまった。『塩漬け』化されてしまったんですね。育成のためのローテーションが滞る**職場での『塩漬け』が問題になったのは、〝バブル組〟あたりからでしょう**」

まだ経験が少ないうちにいくつかの部署を経験させるのが、それまでの当たり前でした。しかし、組織が膠着し、「使えない若手」が増えていったのです。

「私たちの頃は、若い社員をジェネラリストとして育てようという意思が会社にはあったと思います。しかし、その後の**バブル以降は、『スペシャリスト育成』というと聞こえはいいですが、偏りの強い若手が増えてしまった**」

また、以前ならば、毎年、一定数の新入社員が入ってきて、後輩を教えながら自分で学ぶ機会もありました。

「後輩を育てながら自分も成長するという当たり前の機会を与えられなかった人も多いと聞きます。〝バブル組〟の数年後には新入社員の採用を絞ったものだから、いつまでも若手のまま。『忘年会の幹事はずっと僕がやっています』という話もよく聞きました」

それでも、中堅社員になれば人の上に立つことになります。後輩を指導したノウハウがまったくないのにもかかわらず。

「係長や課長になって部下を持っても、何もできない。それはそうですよね、人に教えた経験がないんだから。チャンスは与えられないし、部下の指導はできないし、ビジネスの基礎力も低い。おまけに本人の自覚も甘い。こうして、残念な〝バブル組〟ができあがっていったのです」

当然、まわりの目は冷たいのですが、本人たちはあまり気にしていませんでした。なぜならば、同類がいろいろなところに溜まっているからです。

「数だけ見れば、たしかにマジョリティなんです。異動も少ないから、その部署では大きな顔もできる。実力がないのに、態度だけは大きい。これは悲劇ですよね」

同期の数が多いから、みんな『自分たちが中心だ』と本気で思っていた

誰もが知る人気企業に入り、名刺を携えて方々を走り回る〝バブル組〟。自己と他者との評

価がどんどん離れていきました。

「当時は、携帯電話もなく、インターネットもあまり普及していなかった。**名刺が与えるインパクトや効力は、今よりもはるかに大きかった。**その力を存分に享受した世代とも言えるでしょう。おそらく、六本木とかでもモテたはずです。『〇〇商事に勤めてるんだ！　すごいね』と言われて」

時代背景を考えれば、勘違いをしても不思議ではありません。

〝バブル組の悲劇〟は本人たちだけの責任ではないと言えるでしょう。

●世界的な株価下落、金融不安で生じた綻び

1997年11月、日本の四大証券会社のひとつに数えられていた山一證券が経営破綻……自主廃業を宣言して、業務を停止することになりました。帳簿に載らない「簿外債務」が拡大し、資金繰りが行き詰まったからです。簿外債務は2600億円にものぼったといいます。

自主廃業の記者会見の席上で社長が号泣しながら発した、「私ら（経営陣）が悪いんであって、社員は悪くありません。どうか社員のみなさんを応援してやってください」という言葉

を覚えている人もいるでしょう。

「たくぎん」の呼び名で愛された北海道拓殖銀行は同じ月に、巨額の不良債権を抱えて経営破綻していました。戦後初めての都市銀行の破綻は日本中に大きな衝撃を与えたのです。

現在、メガバンクと言われるのは、「三菱ＵＦＪ」「三井住友」「みずほ」の３つ。１９８９年時点では、14もの都市銀行がありました。１９９０年に三井と太陽神戸は合併してさくら銀行に、１９９１年に協和と和光が合併してあさひ銀行となりました。

みずほフィナンシャルグループが発足したのは２０００年9月。これは富士、第一勧業、興銀によって発足したものです。２００１年に住友とさくらが合併。２００３年には大和とあさひが「りそな」になりました。

銀行再編に代表されるように、さまざまな業種で大きな変化がありました。

２００８年9月にはアメリカの有力投資銀行であるリーマン・ブラザーズが経営破綻。それをきっかけに、世界的な株価下落、金融不安が起こったのです。

野田教授は言います。

「金融アナリストは、金融資産の量と質から考えて、日本への影響はそんなに大きくないだろうと読んでいた。はじめは対岸の火事だと私も思っていました。結果的に、予想を大きく外してしまいました。世界中が大混乱に陥るわけです。

多くの日本企業も、たいして準備をしていなかった。それなのに、大変な事態に飲み込まれてしまいました。『ヤバい』と思ってからのパニックがひどかった。

どの会社も多かれ少なかれ影響を受けて、その結果、自分たちが生き残るために弱い者いじめに走ってしまったんだと思います。日本人としては、非常に恥ずかしいことですが」

経営が苦しくなった経営陣は、非正規雇用の人員を切り捨てに走りました。

「非正規で働いている人たちをものすごく冷遇しましたね。同様に中間管理職にもしわ寄せが行った。ひどい目に合ったミドルマネジャーをたくさん見ました」

その頃、1980年後半に入社した〝バブル組〟は40歳前後。大きなプロジェクトを任され、リーダーシップを発揮するはずだったのですが……。

「私は常々、30代で『自らの専門性＝強み』を確立し、これを活かした仕事を成し遂げて、『○○の仕事だったらこの人』と言われるようになるべきだと考えています。さらに、**40代は狭い組織の壁や今までの自分の専門性を超えて、人を巻き込みながらさらに大きな仕事を成し遂げる年代だと思います。**ここで、社外からも認められる顔にならないといけない」

■主な都市銀行の再編の流れ

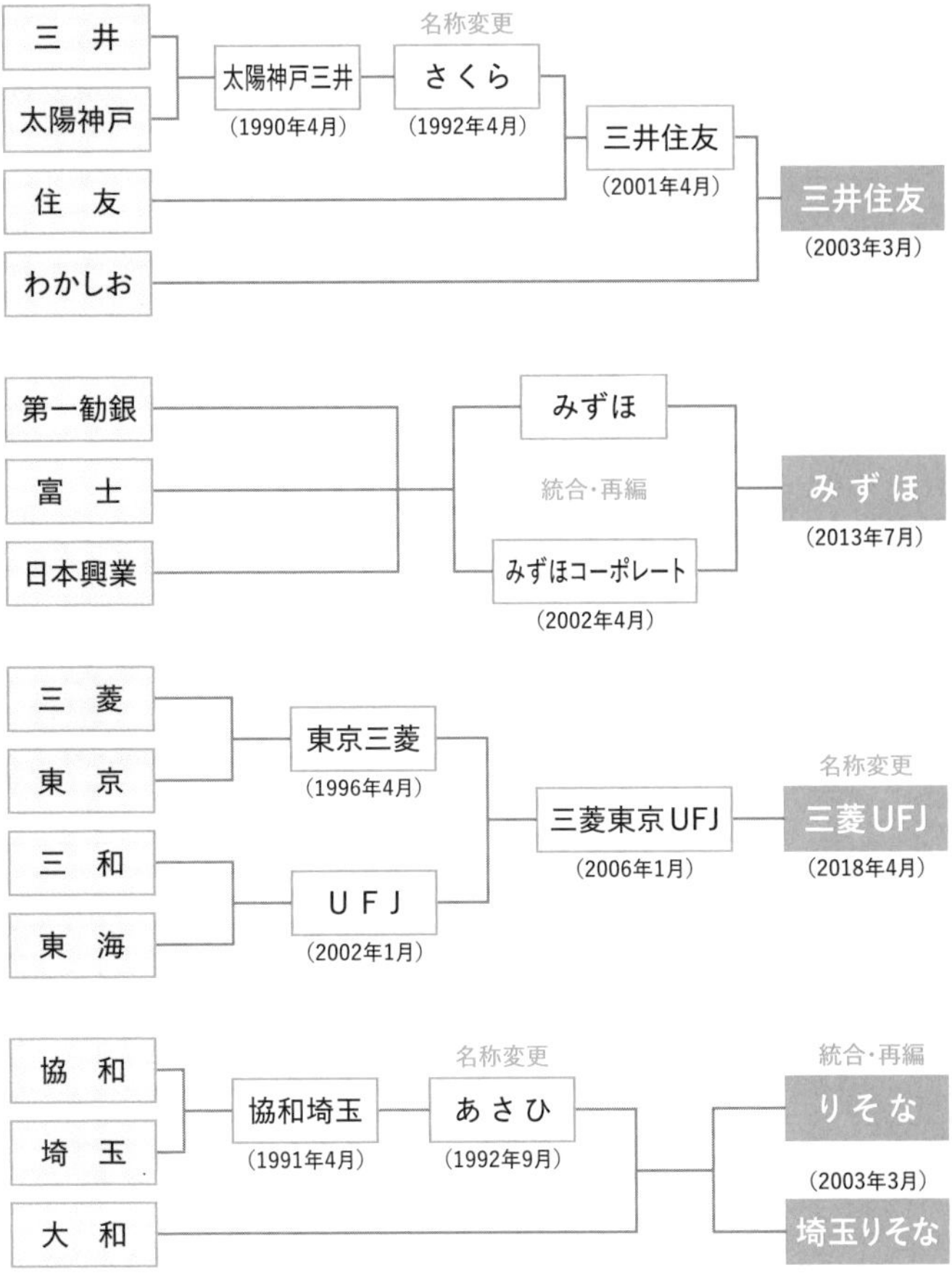

しかし、目の前にある数字の低下を止めることに、経営陣は躍起になりました。

事業予算は縮小し、当然、プロジェクトの規模もマネジャーが任される裁量も小さくなったのです。

「多くの会社が停滞してしまいましたね。大きく飛躍するはずだった〝バブル組〟のチャンスも奪われてしまったのではないでしょうか。たとえば、関連会社の社長としてらつ腕をふるって高収益事業をつくりあげたというような人が出てきてもおかしくなかったのですが、そうはならなかった」

どの会社も一気に内向きになりコストカットに力を注いだ

多くの企業が自社の生き残りに必死になりました。

経営が苦しくなれば、当然、社員の待遇にも影響が出てきます。人事制度を見直す会社も増えていきました。終身雇用、古きよき日本スタイルの経営を続けると、会社が立ち行かなくなるからです。

「**リーマンショック以降、富裕層、持てる者たちの金融資産はどんどん増える一方、かつての日本のマジョリティであった、中間層は解体されました。**彼らにしわ寄せがきて、転落していった……あの時の、強者の責任は大きいと思っています。歴史を俯瞰してみると、既得権利を持つ者たちが勝ち逃げしようとしたことがよくわかります」

人件費を抑えるために導入した成果主義――これが社員からロイヤルティー（忠誠心）を奪い、組織の綻びを生んだのかもしれません。

導入された成果主義のメリットと弊害

人事コンサルタントとして、野田教授はさまざまな人事制度を構築してきました。もちろん、成功例も多いのですが、思い出したくないものもあります。

「成果主義について、勘違いをしている人が多いように感じています。社員のみんなが成果を出したくなるような評価であればいいんです。私は成果主義に反対しているわけではありません。ただ、**無理やりに差をつけるような、差をつけられたほうが嫌になる制度が多いことは事実ですね**」

1980年代、野田教授はあるマスコミ企業の人事制度に携わりました。

「そこで導入されたのは、簡単に言えば、全員が平均点以上になるものでした。それぞれが自分の仕事をきちんとやりさえすれば、評価されるものでした。平均的な働きをした人は「G」＝good、高視聴率を上げたとか、部門内でも目立った働きをしたものは「F」＝fine。前者でも特筆すべき成果を上げたり、大きな社会貢献をしたなどの際立った成績を残した人は「E」＝excellent。そして、平均以下の評点である「Gマイナス」は不祥事を起こしたといったような特に問題だった人のみに与えられました」

この制度では、評点に決まった割合はなく完全に加点型の評価システムでした。

「この制度を導入したことによって、全社的に活気が出ました。目標に縛られたり、目先の数字に追い立てられたりすることがなく、みんながチャレンジングになりました」

実際に組織内の空気が変わり、全社の数字も向上したといいます。

「普通に働きさえすれば『G』、チャレンジして成功したら『F』や『E』になる。だから、社員が安心して仕事に打ち込むことができた。結果として業界ナンバーワンの業績を上げ続けることができました。『野田さんたちのおかげです』と感謝されましたよ」

しかし数年後、その制度が変更されることになりました。

「人事の責任者が別の人に変わり、減点方式の成果主義を導入することになったんです。私たちは反対したのですが、結局は導入せざるをえなかった。すべての事業にあらかじめ目標数字を掲げ、それに到達できればＯＫだけど、届かなければ減点する方式になった。そして、制度変更の数年後には、業界でも有名な大不祥事が起きたんです」

誤った成果主義の導入だったと野田教授は後悔しています。

「あの経験をして、たとえ仕事を失ったとしても貫くべき信念は貫こうと決意しました。

成果主義を英語にすると、pay for performance になります。『その人のパフォーマンスに応じてお金を払いますよ』ということです。言い方を変えると、パフォーマンスが同じだったら、同じ給料でなければならない。もともとは、無理に差をつけるという考え方はありません」

しかし、実際には細かい目標数字を立て、その達成率を評価とするものが多い。

「たとえば、売上の立つ営業みたいに、数字で成果をはかれる部署ならいいんです。総務や経理の仕事に関していえば、パフォーマンスの違いはあまりありません。少なくとも、数字的なものが評価につながりにくい。

初期の頃は、それでも数字で差をつけようとして、計算ミスとか資料の誤字・脱字の数を目標に挙げていたこともあります。目標に対する達成率で差をつけようとしても、目標設定自体に納得性がまったくない」

給料やボーナスは多ければ多いほうがいいに決まっています。同僚よりも評価が高いことが喜びになる人もいるでしょう。しかし、それで会社としてどんなメリットがあるのでしょうか。

「ボーナスで何万円かの差をつけることに力を注いだところで、何の意味もありません」

半期ごと、あるいは四半期ごとに評価を付けることで、多くの中間管理職は疲弊していきました。

評価することに疲れたミドルマネジャー 低評価を受けて部下は不満を溜め込んでいった

■日本の成果主義の歴史

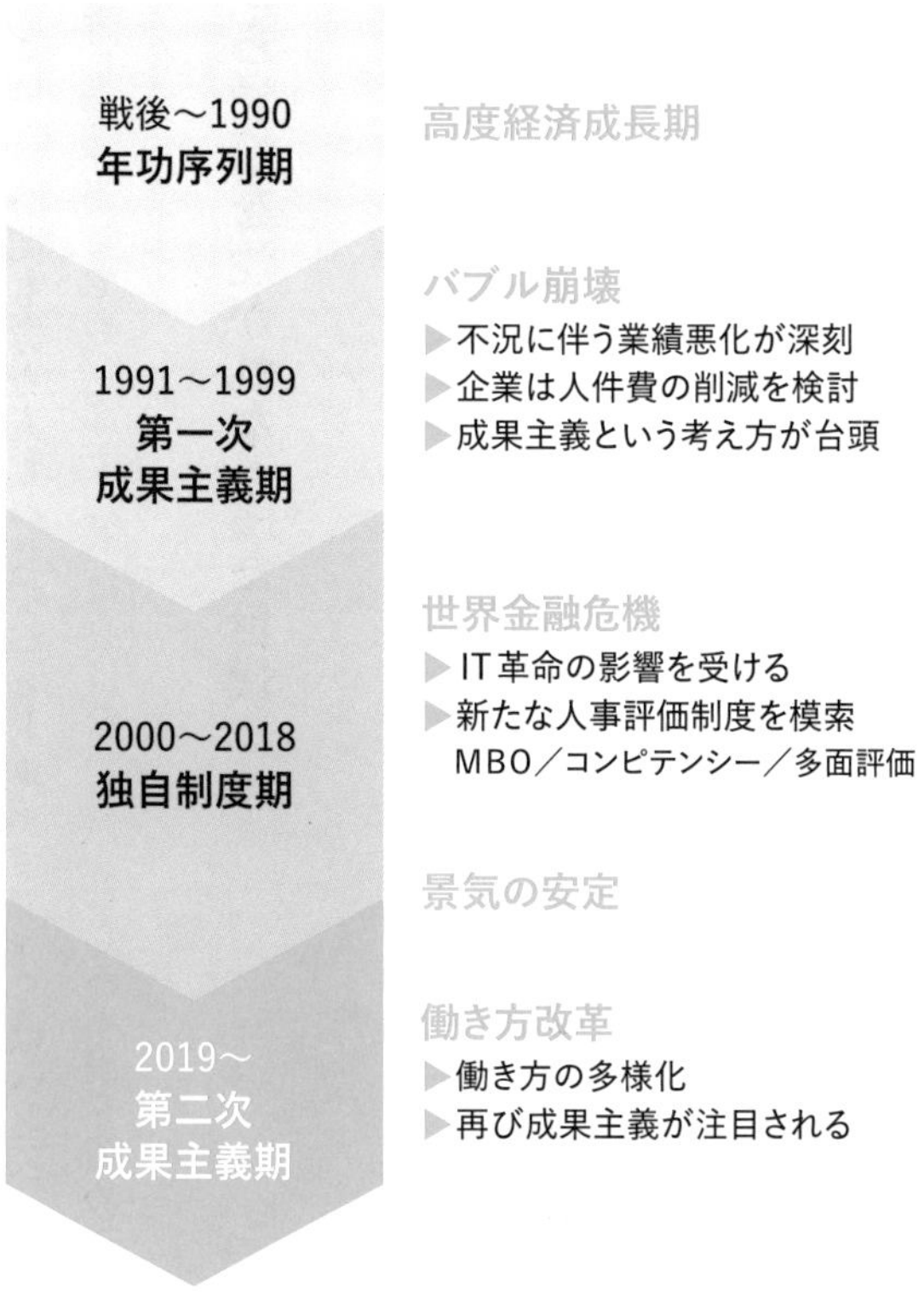

引用：株式会社プロフェッショナルバンク「成果主義とは？メリット・デメリットから紐解く失敗しない人事制度づくり！」より作成

「そういう評価システムをつくるとどんどん細かくなっていく。本来、たいして差のないものを評価することに時間も労力も奪われて、ミドルマネジャーはへとへとになっていました。それだけ苦労して評価しても、部下たちは喜ばないし、むしろ不満を溜め込んでいく」

会社から愛情を注がれなかった世代

評価するほうもされるほうも、誰も得をしないシステムです。では、誰のために、何のために、成果主義はあるのでしょうか。

「会社側からすれば、結局のところ、合法的に給料を下げたくて成果主義を入れたんですね。極端なことをしても『どうせ社員は会社を辞められないだろう』とたかをくくっていたはずです。

極論すれば、その程度のマネジメントだった。そもそも、制度の構築自体を無責任なコンサルティング会社に丸投げするところも多かった」

日々の仕事がすべて数字で割り切れれば、これほど楽なことはありません。しかし、あらゆる仕事の成果を測定する数式など存在するのでしょうか。

「点数化しなければという思い込みが完全に間違いですね。pay for performanceなんだから、無理に差をつけなくてもいいんです」

もちろん、個人の売上が明確な部署もあるし、特定のリーダーの力量によって成功に導かれるプロジェクトもあります。

「**誰が見ても、『あの人はすごい』と認められるのは組織の上位10パーセントから15パーセントです。**そういう人たちに高額な報酬を与えても誰も文句を言いません。下位の10パーセントから15パーセントの人は『役に立っていない』という自覚があるし、異動や配置転換で相応の扱いを受けます。ある程度まで給料を下げられても仕方がないと思っているはず。問題なのは、中間に位置する70パーセントから80パーセントの人たちです」

運・不運もあれば、好・不調の波もあるでしょう。加点方式の成果主義であれば問題はないように思えるのですが、多くはそうではありません。

「実に挽回しづらいシステムなので、一度落ちた評価を取り戻すのは本当に大変なんです。『こういう仕組みはやめてほしい』という声を私はたくさん聞いてきました」

行き過ぎた成果主義の導入で給料やボーナスが減らされていく……

人気企業から熱烈なラブコールを受けて入社しながら、配属された部署で教育されずに塩漬けされ、後輩への指導の仕方もわからないまま、中間管理職の苦労をさせられた〝バブル組〟。

大きな組織になればなるほど、目立たない役割、評価されにくい仕事が増えていくものです。数字が上がる派手な仕事もあれば、落とし穴を埋めるような仕事もあります。

野田教授は言います。

「この30年間で、日本の企業がいかに未熟だったかと思い知らされました。導入された成果主義、人事評価システムを見ると、多くの日本企業で経営陣の力量が不足していたと言わざるを得ない。

特に、リーマンショックの際に、立場の弱い者、つまり、非正規社員やミドルマネジャー

■主要国の平均賃金（年収）の推移

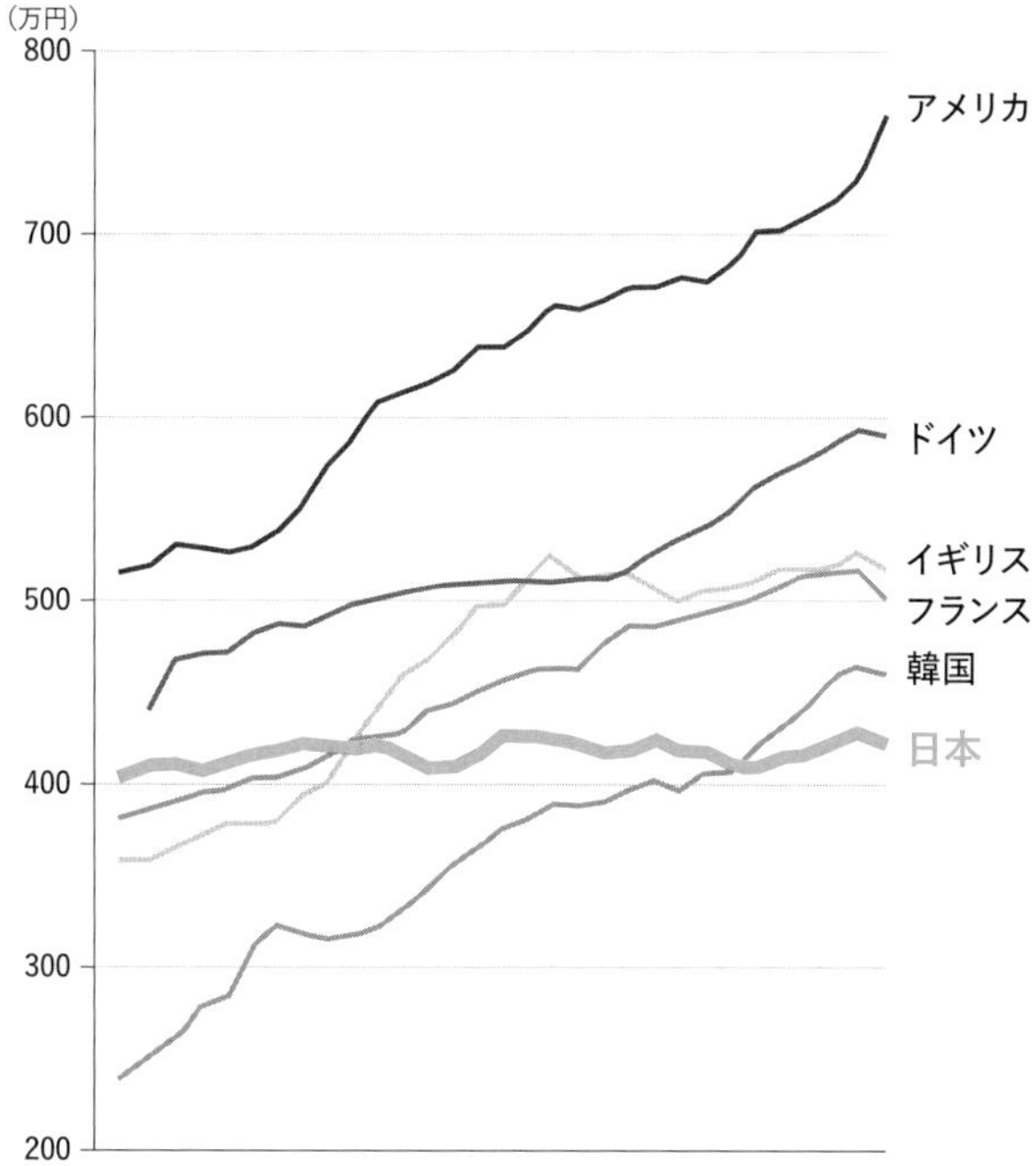

出典：朝日新聞「日本経済の現在値」より作成

にしわ寄せが行ってしまった。その時にミドルマネジャーだった〝バブル組〟は本当にかわいそうだったと思います。〝バブル組〟は**会社から愛されていない、愛情を注がれなかった世代だったのかもしれません**」

〝バブル組〟の多くは50代を過ぎ、還暦が見えてきました。

職場で与えられる仕事は少ない。

数十年前までなら2000万円とも3000万円とも言われた退職金を得られる人はほんのひと握りです。

年老いた彼らに未来はあるのでしょうか。

第2章のポイント

「何も考えずに言われた通りに働け！」

社会人としての基礎がないまま新人から中堅へ

40代でリーマンショックの影響が直撃
働き盛りに「コストカット」で活躍の場を得られず

「減点方式」の成果主義で疲弊した現場
会社の都合に振り回される管理職となった不運

「定年」以降は70％程度に下げられた年収で
それからの仕事と生活を考えなければならない

第3章

50代会社員、転職の「リアル」

プライドと実際の市場での評価の乖離

会社に居場所がないのなら、起業して社長になるか、転職するしか方法はありません。ただ、資金の用意がない人の場合、独立にはリスクしかない――。

30年近く活躍してきた実績があれば、同業他社からの誘いがあるはずです。しかし、40代、50代の転職はそう簡単にはいきません。

その理由を、転職者を受け入れる側の人事担当者、45歳のAさんはこう言います。

「本当に経歴がきれいで優秀だからこそプライドが高い人が多い。でも、**望まれるほどの年収は出せません**」

転職サイトに自分の経歴を打ち込んで登録を済ませれば、明日にでも好条件の求人が来るかもしれない——そう考える40代、50代は多い。

大学卒業から20年以上（あるいは30年も）その業界で働いてきたのだから、そう思うのは当然でしょう。

人脈もあれば、誇れる実績もある。その業界特有のビジネス作法はもちろん、身についている。しかし……いつまで経っても声がかからない。

それはなぜなのでしょうか。

Aさんは言います。

「**自分の値打ちを知らない人、値打ちを下げられない人がいるんですよ**」

現在の会社でどれだけ高収入を得ていても、その会社にはその会社の給与体系があります。歴史のある会社であればまだしも、成長途上の企業であれば、成果報酬によって不足分を補うところが多いのが現実です。

「スカウトサイトを使って、いいなと思う人にメールを打っても、反応は鈍い。返信してきても、なかなか『会いましょう』となりません。はじめに給料や待遇について聞いてくる。『こういう条件じゃないと』と」

現在得ている年収を維持したい、もっと稼ぎたいという気持ちは理解できますが、それを盾にされると進む話も進まなくなります。

自分の市場価値を把握できなければ誰にも相手にされるはずがありません。

Aさんは続けます。

「ひどい人になると、数社前に勤めていた会社の年収を出してきて、『1500万円は欲しい』と言ってくる。自分の経歴にどれだけ自信があるのか知りませんが、こんな人とやり取りをするのは時間のムダですね」

本当に求める人材であれば、高給を用意することもできます。ただ、そのための社内調整は必要です。人事担当者とすれば、実際に会って、人となりや仕事に対する考え方を確かめておきたいと思うものですが、それすら理解していない……。

「パフォーマンスを出せるかどうかわからない人に面談の前から約束なんてできない」

年代別の採用状況

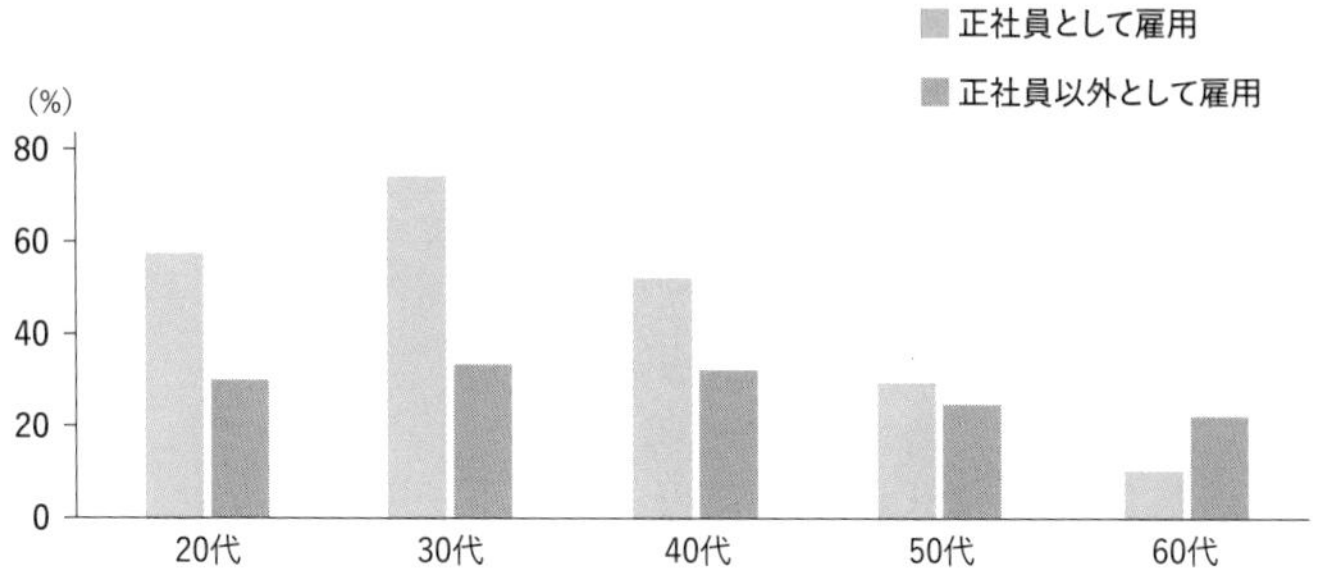

引用：株式会社マイナビ「ミドルシニア採用企業レポート」

中途採用で採用したい年齢層

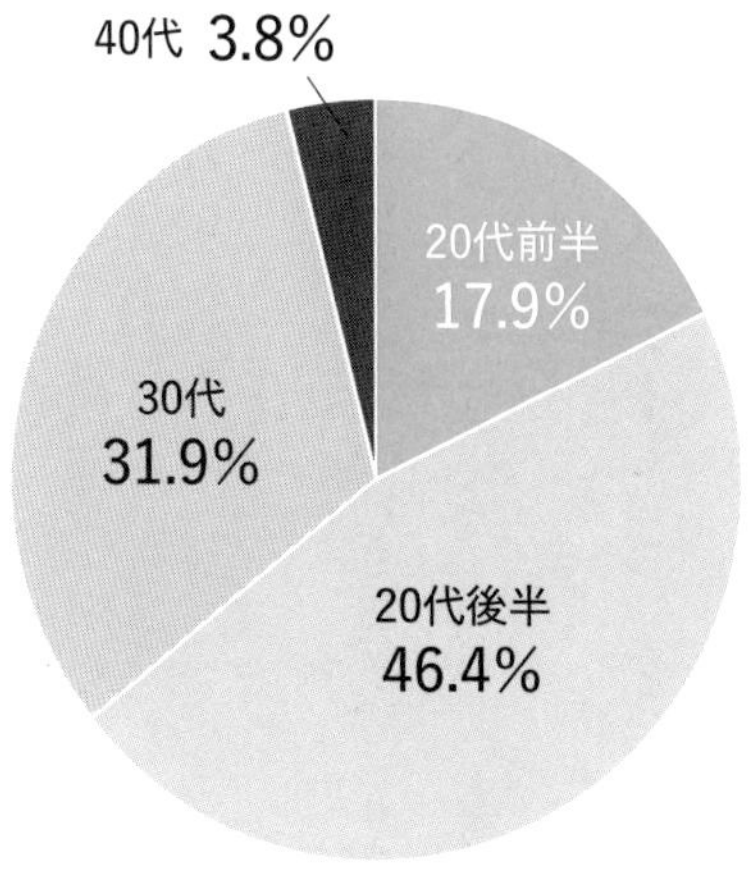

引用：株式会社学情『「中途採用における採用対象」に関する企業調査』

「はじめから条件ありきだと、その時点で『はい、終わり！』になりますね。50代の人にも、40代の人にもこういうケースが増えています。

なかには、『今はまだタイミングではないので……』と断ってくる人もいて、『じゃあ、何のために転職サイトに登録しているの？』と思っちゃいますね」

●戦力にならなくても給料は絶対に下げたくない

勢いのある30代の頃ならいざ知らず、40代、50代になれば転職するのにも勇気がいります。せっかく入社できた人気企業に数十年も勤めれば、当然、愛着があるでしょう。見ず知らずの人と働くとなれば、どんな人でもストレスを感じるはず。

どうせなら、自分を高く売りたい。こんなチャンスはもうないかもしれないから。

でも、その金額に見合うだけの仕事をする自信がない。

そんな胸の内が透けて見えるようです。

『執行役員じゃないと』と言ってくる人もいて……
そんな人、絶対にダメです」

Aさんはため息交じりにこう言います。

「頑なに、年収を下げたくないと主張する人もいます。はじめに立場（役職）を確約しろという人も……経歴が素晴らしいだけでそんなことできます？　少し考えればわかると思うんですけどね」

所属する会社の名前と役職で勝負できると本当に思っているでしょうか。

歴史や人気があって、どんなに収益を上げている会社でも、使える人もいれば、まったく戦力にならない人もいます。数十年のビジネスキャリアがあれば、当然それに気づくはず。

しかし、自分の転職の場合には、そう考えられないのでしょうか。

「その企業の経営トップの年収が3000万円なのに『4500万円はもらわないと』と言われても……」

●今の「自分の価値」がわからない

どのマーケットにも相場があり、商品には適正価格があり、自分にどれだけの価値があるのかを見極めなければなりません。履歴書も、名刺も助けてはくれません。

「もう少し冷静になれとは言いませんが、客観的に見てほしい。今のあなたにそれだけの価値がありますか。

今の会社が十分な金額を出してくれるのなら、そのまま残ればいい。それが難しいのなら、どこかで折り合いをつけないと」

今の自分への評価や待遇に不満があるのなら、思い切って勝負するのも手です。

ひとたび市場に出ればひとつの商品になるのだから、シビアな値付けをされても仕方がないという割り切りが必要です。

しかし、いつまでも過去にしがみつき、せっかくのチャンスをふいにしてしまっているのではないでしょうか。

■年代別、転職後の年収

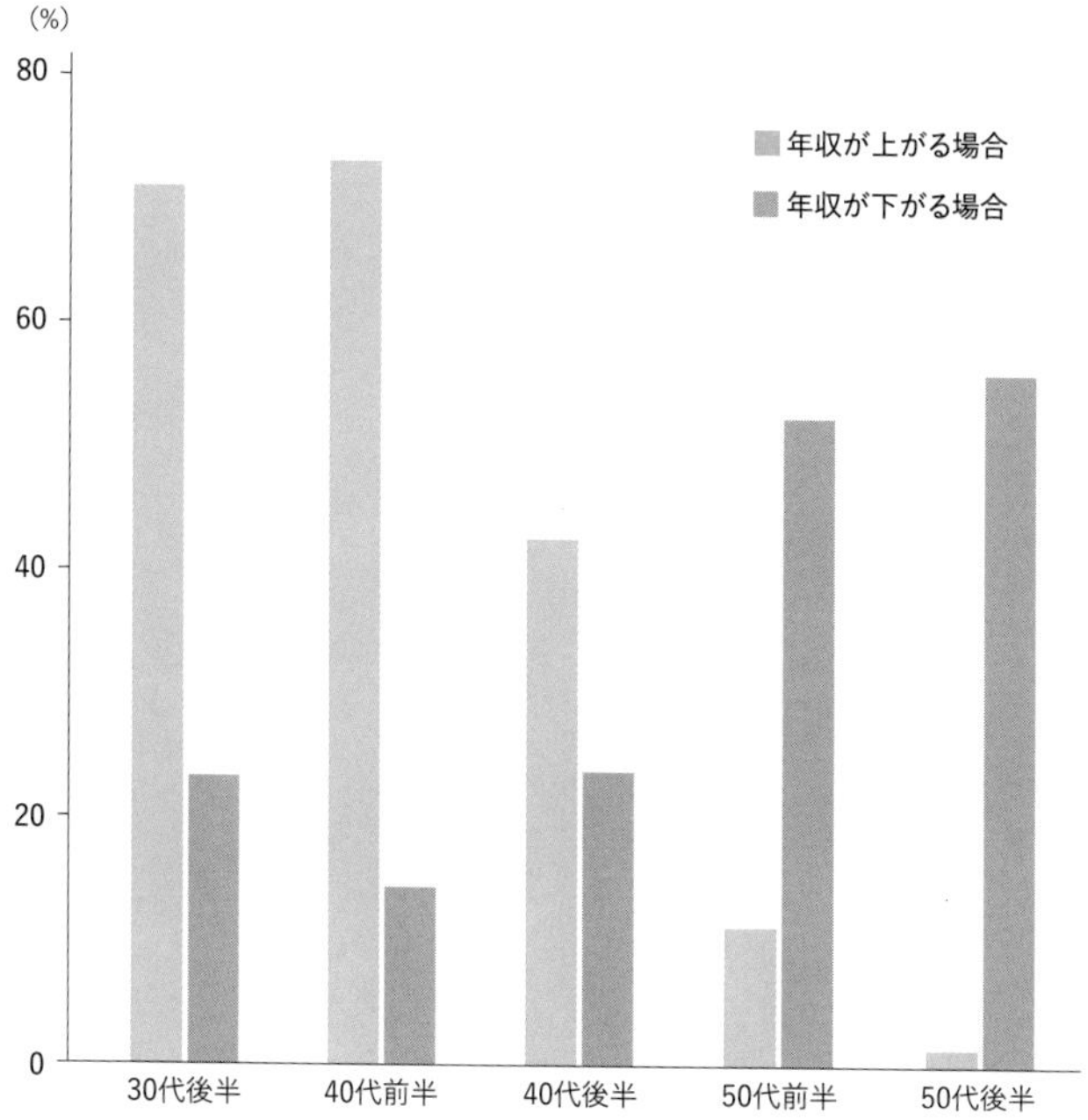

引用：エン・ジャパン株式会社『転職コンサルタント232人に聞いた「転職後の年収」調査（2023年版）』

「たとえば、『もし1億円の案件を成立させたらこうしてほしい』と言われれば、もちろん検討します。お互いの条件次第、話の進め方次第で、まとまる可能性もあると思っているのですが……」

「会社に所属しているだけでは意味がない。肩書、ステイタスが欲しい人はいりません」

会社にいるだけで、自分の席に座っているだけで給料がもらえる時代はもう過ぎ去りました。今ここで、どれだけの貢献ができるのか――それを会社から見られていることに気づかない人もいます。

終身雇用、年功序列など、もうとっくに昔の話になったのにもかかわらず、目を背ける人が多いのが現実です。就「職」ではなく、就「社」の意識がどこかに残っているのかもしれません。

●人気企業で「成果を上げられない人」の未来は危ない

Aさんは言います。

「転職してきたにもかかわらず、『以前は○○○○にいました、○○○○で働いていました』と言う人がいますね。こちらは『だから、何?』と思うだけです。40代にもいますけど、50代に顕著です。その業界のトップ企業にいて、なおかつ、たいした実績を残せなかった人ほどそう言っているような気がします」

過去ももちろん大事。そこで学んだことが今の仕事にもきっと生きているのでしょう。でも、「それはそれ」ではないでしょうか。メッキはいずれはがれてしまう。

「過去の呪縛にとらわれている人が多いと感じます。20代、30代の若い人の中にもいます。誇りを持つことは大事だと思いますが、『自分が今できること』にフォーカスしたほうがいい。面接で『120パーセントやれます』と言っておいて、『20パーセントもできないんだ……』という人ばかり」

大事なことは過去を切り離すこと。新しい会社にいる自分を受け入れること。

「転職して『この会社になじもう』と思ってくれる人はいずれ活躍してくれるはずです。それが本当に大事なこと。いい役職が付いて、好待遇で迎えられても会社のカルチャーになじめず、すぐに辞める人もたくさんいますから」

40代半ば、自らも転職組であるAさんはこう考えながら、日々、働いています。

「自分にしかできないことはあるのか、自分の仕事に付加価値を付けることができるのか」

「私は自分のことが怖いです。45歳になって、自分にしかできない仕事をやれなければ、この先、給料は上がらない。いや、下がっていく一方です。そんなの嫌じゃないですか。やるなら、ちゃんとやりたいし、評価もされたいし」

〝バブル組〟は自分よりも10歳も若い人の仕事に対する価値観を知っておくべきでしょう。そういう人たちに自分がどう見られているのかも。

●長く人事を担当してきた〝バブル組〟の告白

1966年生まれのKさんは、2社目に勤めた外資系メーカーで人事担当となり、その後長く人事畑で過ごしました。〝バブル組〟の実態をよく知る人物です。

Kさんは女子短期大学を卒業してすぐに音響メーカーに就職。海外営業本部に配属され、海外に拠点を置く販売子会社の数字を管理する仕事につきました。

「**経理とか簿記とかはまったくわからなかったので、勤務が終わってから学校にも通いました。**会社から『資格を取るように』と指示され、授業料は会社で出してもらいました。3年弱で退社することになるのですが、はじめの経験がのちのち生きましたね」

退社したのは、Kさんに「人事をやりたい」という思いが芽生えたから。

「毎月、毎月、同じことの繰り返しで退屈していた部分もありました。次の会社に入るなら人事を担当したいと思い、外資系メーカーの人事部に転職することになりました。

ただ、外資系ということもあって、採用の業務が日常的にあるわけではなくて、給与計算や社会保険から始まって、労務の知識などを増やしていった感じですね。はじめは、私がやりたかった人事の仕組みをつくるような仕事ではありませんでした」

しかし、人事担当という役割もあって、社長をはじめとする経営陣と接する機会が多く、気づくこともありました。

「150人ほどの会社だったんですが、外資系という性格上、コンサバティブであまり他人と関わりを持たない人が多かったように思います。その後、上層部と関係が深くなり、仕事にやりがいを感じるようになりました。評価してもらうことでその実感は大きくなりました」

その後転職し、3社目となるコンサルティングファームでも人事を担当することになりました。

「はじめに勤めた音響メーカーの時の上司の紹介がきっかけでした。まだ20代でしたが、2社で人事を担当するというのは珍しい経歴だったと思います。

まだ転職が当たり前という時代ではありませんでしたが、恐れはまったくなくて、むしろ、自分が階段を上がっているような感じがありました。

私のスキルや能力が評価されたというよりも、『こういう人柄なら人事を任せられそうだなと思っていただいたのではないでしょうか」

時は1990年代半ば、〝就職氷河期〟の入口でしたが、その会社は採用を絞ることはありませんでした。

「当時はコンサルティングファームが全盛時代で、1年間に新卒だけで100人以上、中途採用を含めれば相当な人数を採用していました。ものすごく忙しかったけど、それだけやりがいがありました。楽しかったですね。振り返ってみると、氷河期の真っ最中なのに、あの会社はすごい大量採用をしていたということですよね。

そういう業界だというのもありますが、学歴の素晴らしい人を採用することが多く、『自分はそうじゃないのにな』と思った記憶があります」

●自分の実力以上の人気企業に入社して、ああ勘違い

その後、知人の紹介で専門職種の人材エージェンシー事業会社に移ることになり、人事担当を続けました。

1987年に企業に就職し、同世代の人事、転職を間近で見てきたKさんは、〝バブル組〟をどう見ているのでしょうか。

「我々の世代は、猫も杓子もネームバリューの大きな会社に入れた時代じゃないですか。だ

から、大企業に入ってしまったがゆえの呪縛みたいなものがあると思っています。もちろん、私もそのうちのひとりです」

大きな思い違いをしたまま、ずっと働いてきたのではないかとKさんは言います。

「『自分は仕事ができる』という思い違いをしたまま10年も20年も過ごしてきたのかもしれない」

「自分の実力じゃない部分で、会社からいろいろな武器を持たせてもらい、そのおかげで仕事ができていたということに気づいていない。

私は4社目でベンチャー企業に勤めてみて、謙虚になれました。それまで在籍した大手企業では業務範囲が限られていましたが、ベンチャー企業では、自分でゼロから考えて自分でまわりを説得し、自分で動いて結果を出すということを求められました。そういう経験をしてみて、『私にはその力がついていない』と実感したのです」

■「転職時に役立ったスキル」ランキング

ランキング	転職で役立ったスキル	人数
1位	OAスキル	127
2位	コミュニケーションスキル	70
3位	語学スキル	54
4位	経理系資格・スキル	48
5位	クリエイティブ系スキル	32
6位	IT・プログラミング系スキル	22
7位	接客スキル	21

n=500(複数回答)

引用:株式会社ビズヒッツ「転職で役立ったスキルに関する意識調査」

中途退職者を迎え入れる立場だったから見えることがあります。

「私は長く人事をやってきたので、転職してうまくいく人、うまくいかない人を両方見てきました。**大きな会社にいて、実力以外のものを自分の実力だと勘違いして、それを転職先でもそのまま生かすことができると思い込んでいる人たちは痛い目に合っていますね**」

規模が大きくなればなるほど、関わるメンバーが多ければ多いほど、他者との連携が必要になります。

「自分が50代になってみて、まわりの人をどう生かすかも含めて、その人の実力だなと思います。組織にいる以上、他者との関わりを持たないわけにはいきません。結局、人から評価されて初めて、対価をいただける。評価されるのは自分ではなくて、自分たちの仕事。だから、人たらし的な要素は必要なのかと思います」

Kさんの言う〝人たらし〟とは、周囲を巻き込む力のこと。

「自分がやりたいこと、やるべき仕事に臨む時、まわりの人たちが自然に応援してくれるような、巻き込む力がある人のことを私は〝人たらし〟だと考えています。

これは自分が年齢を重ねてから実感したことですが、**自分よりも、その下にいる人間が成果を出すことにエネルギーを注げと思います。**一緒に働いている人が『よくやったね』とほめられるほうが価値がありますよ。私はそのほうがうれしいです」

どの世界でもそうですが、常に満点の仕事ができる人は多くありません。みんな、どこかで誰かに支えられながら、カバーされながら生きています。

「ある時、120パーセントの成果を出したからと言って、それがずっと続くわけではありません。もしかしたらうまくいく人もいるかもしれないけど、いつか行き詰まることもあるんじゃないかと思っています」

●若い人に任せられるところは任せる

社会の変化と同様に、ビジネスもものすごい速さで変わっています。年齢を重ねても、それについていける人がどれだけいるでしょうか。

Kさんは言います。

「頑張りすぎると『イタい』と思われることもあるだろうし
まわりに迷惑をかけることもある」

「どうしても、新しい変化についていけなくなるじゃないですか。わからないものを取り込もうとして無理をしても難しい。だから、若い人に任せられるところは任せていいと思っていますし、まわりの人に**『お願いできる？』と自然に言える潔さや愛嬌も大事なのではないでしょうか**」

誰だって、確実に年をとります。どんなに頑張っても、衰えと無縁でいられるわけではありません。

「年齢を重ねたり、経験を積まないとわからないこともあると思う。仕事を続けるうえで『これだけは外せない』という肝の部分が、若い人にはわからないことがある。ここだけは譲れないという部分は大事に守りつつ、それ以外は柔軟に、変化に身を任せることも必要なのかなと思います。

長く仕事をしているうちに固くなる部分はきっとある。それがあることで仕事がうまく流れなくなったり、他者との関係がギクシャクしたり。流れがよどむことはいいことではない。だから、『ああ、そういう考え方もあるんだね』とか、『今の世の中ってこうなんだね』みたいに、自分が合わせることも大事なのかもしれませんね」

わからないことを「わからない」と言う勇気も必要でしょう。それは無知とも、不勉強ともまた違うはず。

Kさんは続けます。

「自分がわからないことを『わからない』という謙虚さはものすごく大事ですね」

「それは、自分の力がないのとはちょっと違う。それは結びつけないほうがいいのかなと思っています」

問題は、自分自身が「わからない」と認めないこと。わからないことをそのまま放置することです。

そうすることで活動範囲も守備範囲も狭くなり、そのうちにどんどん、居場所がなくなってしまいますから。

●「70歳まで働けるから安心」ではない

最後には、仕事とは何か？　働くことの意味とは？　という大きな命題に突き当たります。

「家族のため、生活のため……いろいろな答えがあると思います。でも、それだけだとつらくないですか。**処遇がいい（給与が高い）から割り切って働くというのには、あまりにも仕事に費やす時間が長すぎる。**

私は今、『きっと人生でこれが最後』と思って会社組織で働いていますが、仕事をとても楽しめています。もちろんリソース（人や予算）が足りないとか、お客さまからのクレーム対応など日々、本当にいろいろなことがありますが、今の立場から逃れたいと思ったことはありません」

Kさんは続けます。

「そういう気持ちで仕事ができているのは、会社の理念に共感していて、その実現に私も主体的に関われているから。若いメンバーが一生懸命に自分の仕事に向き合っていて、みんなが進化していく姿を見るのはとてもうれしいし、やりがいを感じています。

■20〜60代男女計1,000名に聞いた
「何歳まで働きたいですか?」の結果

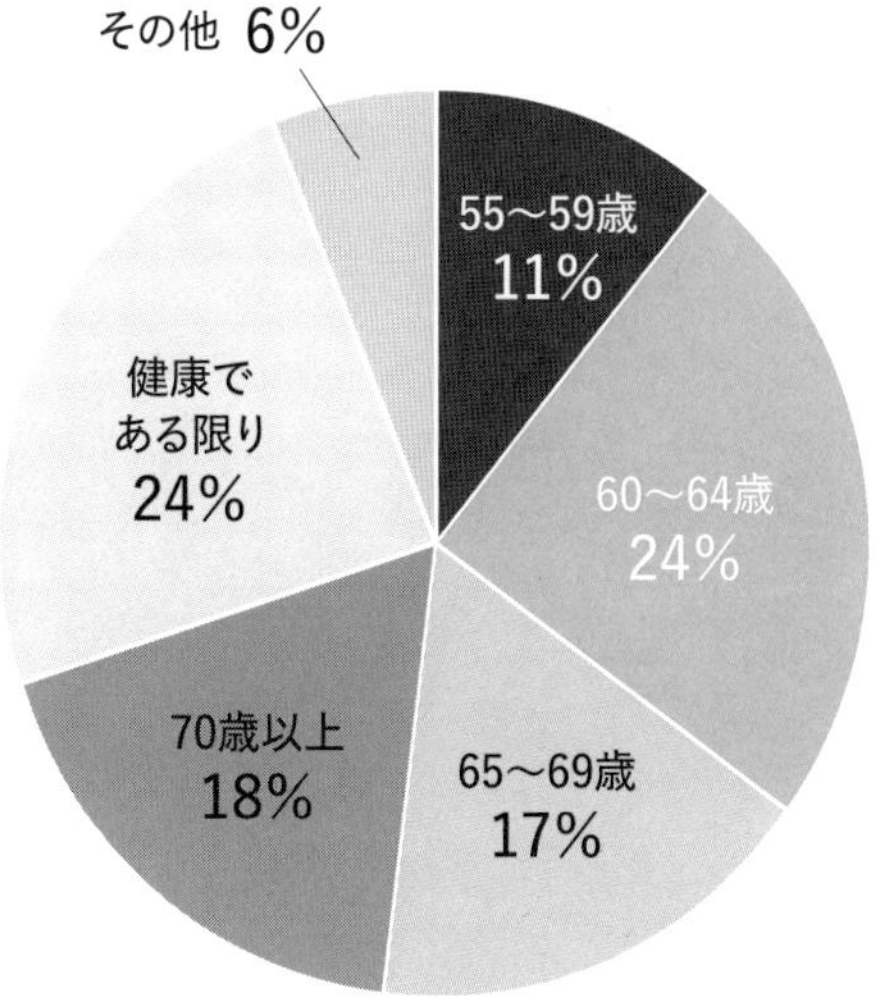

出典:富国生命保険相互会社「70歳までの就労意識調査」より作成

会社には必ず理念があって、それを実現するために会社があり、社員がいる。**自分の保身のために働くのは楽しくないし、きっと成果も出ない。ひとりでは戦えません。**迷った時には会社の理念を思い出してもらえれば、軌道修正もできるはずです」

高度成長期に日本人が持っていた働くことの意義は当然、大きく変化しています。ひとりひとり、違ったものを持ちながら今日も職場に立っているのです。

Kさんは言います。

「自分の実力を正しく評価できない人になると『あなたはもういりません』と言われることになるかもしれない」

「1990年代後半になってから、会社への思いとか仲間への思い、リスペクトは減ってしまったように思います。

成果主義を導入する会社が増えてきて、まわりのことは考えず個人の成果を上げることに血眼になる時代に変わってしまった。職場風土が悪化し、目標管理（MBO）によってストレスが高まりメンタルヘルスが悪化しました。もう今は、業績拡大＝勝利の時代ではありません」

定年退職を迎える年齢が60歳から65歳に、65歳から70歳に延長されることには、メリットもデメリットもあるとKさんは考えています。

「会社に所属している以上、理念を実現することが一番の目標であるべきです。その年齢になって働くことは本人が一番大変だし、その年齢の人を支えるまわりの人も負担が大きい。『70歳まで雇ってもらえるからいい』という考え方は通用しないと思います」

業種や会社によって、人事制度はさまざまです。

「私は、人事評価に正解はないと思っています。頑張って成果を上げても、その通りに評価されないこともあるという前提で会社員をやるしかないのかなという思いもあります。そういう状況の中でも、ある意味、自分をご機嫌にできるかどうかみたいなところがすごく大事で、評価だけ、処遇だけをよりどころにすると、すごい不幸になっちゃうと思うんですよ」

どんな仕事も、ひとりの力でつくりあげることはできません。必ずしも、正しい評価がなされるとは限らないという現実があります。

「だから、自分がやっている仕事の中身だったり、関わっている人だったり、自分の時間の使い方だったり、評価とか処遇以外のところにも気を配りながら、どれだけ自分をご機嫌にする要素があるかを見極めること。そういうところが、しなやかに仕事人生を生きてくコツみたいな感じがしますね」

30年近く人事を担当してきたKさんはこう警鐘を鳴らします。

「『自分はできる人だから今よりもステップアップできるんじゃないか』と思うとひどい現実に直面することになる」

野田稔解説

50歳を過ぎてからの転職は、先方から求められるケースを除けば、難しい。**うまくいくのは、せいぜい5人にひとりという確率です。**

ほとんどの人は「そんな仕事しかなかったの?」となってしまう。大企業で活躍していた人であってもそうです。

私が50代で転職する場合に大切だと思うのは「枠はずし」です。

ある電機メーカーにいたSさんの話をしましょう。

Sさんが転職先に選んだのは、小さめの広告会社。

もともと映像に強かったエンジニアのSさんの長所、POP広告などの電子化が課題だった広告会社のニーズがぴったり一致したんですね。Sさんは新規事業開発担当部長として採用されました。

Nさんも大手家電メーカーで生産管理の専門家でした。

フランス生まれの高級洋菓子メーカーから請われて転職しました。もともとその洋菓子メーカーの工場は小規模なものだったのですが、商品が日本で爆発的に売れ始めました。

製造拡大しようというタイミングで、Nさんの経験が評価され、白羽の矢が立ったのです。「俺は甘いもんは食わない」と言っていたNさんですが、この転職はうまくいきました。

私が30代から50代を対象としてキャリア教育、職業紹介を行うある組織の代表をしている時に一番苦労したのが、「枠はずし」でした。

いろいろな職業を紹介した時に「俺はメーカーの人間だから」「営業マンだから」と言う。

しかし、**私たちが見ているのは、その人が持っている要素技術なんです**。それがあれば、「業界に関係なく、あなたの得意技は生かせます」と言ってきました。なかなか受け入れてくれませんでしたが。

中堅・中小企業は意外とマネジメント力が低い。当の経営者本人たちは気づいておらず、「自分たちはマネジメントができる」と思っています。

ところが、大企業で揉まれた人たちから見ると、非常に粗かったり、標準化ができていなかったり、世界標準からかけ離れていて、リスクが高かったりする。そこに経験のある人が入ることで、少しずつ発言力が高まっていく。そういう例をたくさん見てきました。

中小企業には大企業には少ない、理不尽なこともたくさんある。それを笑ってやり過ごせるかどうかが大事になります。ただ、寿命はあって、だいたい3年から5年。長くて10年というところでしょうね。

55歳で転職しても、せいぜい10年勤められればというのが現実です。

第3章のポイント

「役職の確約」「高い給与」50代への
ニーズと自分の価値の乖離に気がついていない

転職の不幸❶
「会社のブランド力＝自分の実力」の勘違い
「自分たちの手柄」と認識する

転職の不幸❷
「この会社になじもう」という意識の低さ
「教えて」と言う勇気を持つ

50歳過ぎの転職で成功するのは5人にひとり
「枠はずし」ができるかで成否は大きく変わる

第4章

会社員の生き方を変えた決断

CASE
1

行政書士の場合

38歳で会社を退職して法科大学院へ

●出版不況に陥る前の出版社に入社

バブル景気の中で会社の知名度や安定よりも
ベンチャー企業の勢いを買った

1967年、愛知県生まれのTさんは、1年間浪人して中央大学法学部に入学を果たしました。法曹界に進む者が多く、〝白門〟と呼ばれる名門校です。

Tさんは法律に興味を持っていたためにこの学部を選んだのですが、マスコミ志望で、はじめは新聞社での就職を希望していました。大手新聞社の筆記試験のレベルは高く、この時点で多くの大学生が振り落とされます。しかし、Tさんは見事に通過し、幾度の面接もクリアして最終の役員面接まで進みました。

Tさんは当時をこう振り返ります。

「大学時代にインタビューサークルに入っていて、タレントや有名人に話を聞いて本をつくっていました。だから、仕事として雑誌や本の編集をしたくて、新聞社と併せて出版社を何社か受けました。ふたつの大手新聞社の最終面接まで進んだのですが、最後の最後でどちらも落とされて……」

結局、夏前に内定通知が出たために就職活動を打ち切り、創業わずか18年の出版社に就職することになりました。

「社長も役員のほとんどが30代、知名度も今ひとつ、歴史もなかったけど、それが逆に魅力的に思えました。社員数は250人くらいで、ちょうどいい規模だった。出版事業だけじゃなくて、いろいろな分野に挑戦しようというアグレッシブさも感じました」

深刻な出版不況、若者の活字離れが叫ばれるのはまだ先のこと。Tさんは、安定よりも若さを取りました。イケイケの社風に魅力を感じたのです。

Tさんの同期は50人を超えていました。全社員のおよそ15パーセント強、6人にひとりが新入社員という異常事態。まさに〝バブル組〟が入った組織の典型例でした。

数十万部を売る雑誌の編集部があり、1号あたり1億円を売り上げる広告欄を埋めるための広告部員も増員されました。

しかし、Tさんが入ったのは経理部。意に沿わない配属に落ち込みました。

「さんざん編集希望だとアピールしたけど、まさかの経理部配属で……ただ、毎年、人事異動があると聞いていたので、チャンスがあるだろうと前向きに考えていました。計算が得意だったのはたしかで、細かい仕事も苦手じゃなかった。そういう意味で自分には管理部門の適性があったと思います」

「自分の仕事って何?」というモヤモヤ

経理部で会計などの仕事を覚えたあとは総務部に異動。そこで4年間勤めました。いつもニコニコしているTさんは職場の人気者でもありました。

「大学時代の知識を生かせる法務関連の業務もあったけど、いわゆる会社のバックヤードの仕事を主にやりました。会社が引っ越しする際には、電話回線の入替えや管理など細かいことを任されて。クリエイティブな仕事を希望する人にとっては、楽しい仕事ではまったくなかった」

ベンチャーであるがゆえに、社員の離職率は高い。20代後半で中堅社員として責任も感じるようになっていました。もう編集部に異動することは現実的ではありませんでした。

「その頃にはもう、僕は管理部門の人間なんだなと思うようになっていました。入社してから実績はまったくないから、編集部門に行かせてもらえるとはとても思えなくて。その後、地元の愛知県にある支社に転勤になって営業部門に配属されたけど、実際にしていることは管理業務でしたね」

そこで4年が過ぎた時には30代半ばが近づいていました。

日本と韓国で開催される2002年のサッカーワールドカップの準備が進んでいたところで、Tさんは大会準備事務局に出向に。1年後に出向が解かれ、コールセンターで顧客対応を4年間行いました。地味ではありますが、会社にはなくてはならないセクションです。

「国際的なイベントに関わったことは貴重な経験だったけど、管理セクション、バックヤードで業務を続ける中で、**『僕の仕事って何だろうか』という思いはずっと自分の中にありました**」

法律職ではなく、編集者になるために出版社に就職したものの、それはかなわないまま40歳が見えてきました。

このままでは、法律家にも編集者にもなれない――そんな現実に直面してしまっていたのです。

「就職する時に、編集者になることを目指したにもかかわらず、どうやらそれは達成される見込みはない。会社に15年もいたら、自分に何を求められているのかはよくわかります。30歳くらいで編集者になることはあきらめていて、35歳くらいからずっと『法律家にもなっていないぞ……』と悶々としていました」

会社員としての人生はまだまだ続く。このままでいいのか――いいはずがない。Tさんの心は揺れました。

38歳で無収入の大学院生に

そんな思いを抱えていても、行動に移すことができる人は多くありません。せいぜい転職サイトに登録して、気長にスカウトを待つくらいのもの。よほどの勝算がなければ、一歩を踏み出すことは難しい。

しかし、Tさんは思い切った決断をします。

「編集者になれないのなら、少なくとも、法律家になりたいと思いました。**会社を辞めて、法科大学院に入ることに決めました**」

38歳で無収入の大学院生になります。

「結婚したばかりだったけど、子どももはいない。まわりからは『なんで辞めるの？』とか『よく決断できたね』と言われたけど、会社を辞めたのは自分の状態に納得がいかなかったから。仕事自体はものすごく好きなんですよ。経理や総務、営業事務やコールセンターなどいろいろなことをやってきたけど、基本的にすべて楽しいと思ってやってきました。ただ、会社員であることにストレスを感じていたのも事実でした。サラリーマンを辞めたいという気持ちが強かったですね。もともと、勤め人には向いていなかったと思います」

Tさんはいつも笑みを絶やさずデスクに座っていたのですが、会社員として働くことの限界を感じていたのです。

「まず、人と一緒にいろいろなことをやるのが基本的に好きじゃない。仕事は、ひとりでやるほうがいいというタイプ。自分勝手なので、決められた時間に会社に行って、決められた時間に帰るのが嫌いでした。みんなと力を合わせて何かをつくるということに抵抗がありました」

会社組織のあり方にも疑問を抱えるようになっていました。経理、総務など管理部門に長く勤めた分だけはっきりと見えるものがあったのでしょう。

Tさんは言います。

「会社という組織は、当人が意識するかどうかは別として、出世レースの側面がありますよね。僕は人に評価されるのが本当に嫌いでした」

仕事人でいたかったのに、それでは給料が上がらないという現実に直面していました。成果主義というシステムの中では、Tさんのような人は割を食うことがよくあります。

「後輩に追い抜かれることもあって、そういう仕組みも面白くなかったですね。**僕はただ仕事をしたいだけなのに、いろいろと余計なものがついてくる。もう組織に中にいるのはいいや……という思いもありました。**これはどんな会社でも付いて回ることなので、転職してもどうせ一緒だと」

「出世レースに興味はないけど会社にいる限りまったく関わらないわけにはいかない」

どんな組織でも、序列で成り立っています。評価する人・される人に分かれるのは当たり前。そんな中で、Tさんはずっと息苦しさを覚えていたのです。

●会社員時代の飲酒がたたり、記憶力は大幅ダウン

Tさんの性格をよく知る妻も、結婚したばかりにもかかわらず、応援してくれました。「結婚する時に、『会社を辞めようと思う』と話していたから。彼女が社員として働いていたこともあり、特に反対はありませんでした。会社員時代の貯金が1000万円以上あったので、学費などはそれで賄いました。生活費は妻に甘えましたが」

こうして30代後半で、1日十時間以上も机に向かう日々を送ることになりました。

「一応、大学でも法律の勉強をしていましたので、それなりに役には立ちました。ただ、法科大学院で頑張った経験が大きかったですね。

論理的思考は大丈夫なんですが、記憶力は完全に低下していました。会社員時代にお酒を飲みすぎたせいかもしれない（笑）」

法科大学院に3年間通い、卒業後に3回司法試験を受けました。弁護士を目指すために7年間を費やしながら、司法試験には合格しませんでした。

「38歳から7年間。弁護士になることをあきらめた時には、44歳になっていました。会社を辞めてからは、正直、長かったですね。6年目に行政書士資格が取れたので、自分で開業しようと考えました」

行政書士とは、依頼された書類作成を行う代書的業務、官公署に提出する許認可事業手続き業務なども行う、法律の専門家です。Tさんの念願がかなったことになります。

その時、法科大学院で教えるという、もうひとつの選択肢がありました。

「大学院で教わった教授から『大学に残る？』と言われたんですが、40代半ばで講師から始めても教授になるまで時間がかかる。第一、教授になれるかどうかもわからない。講師の年収は300万円くらいだというので、迷いました」

大学院の費用の目安

	法科大学院	国立大学院	私立文系大学院	私立理系大学院
検定料	**30,000円**	30,000円	30,000円	30,000円
入学金	**282,000円**	282,000円	231,811円	254,941円
授業料（年間）	**804,000円**	535,800円	781,004円	1,101,584円
施設設備費	**0円（払う場合もある）**	0円（払う場合もある）	152,496円	184,102円
2年間でかかる学費	**1,920,000円**	1,383,600円	2,128,811円	2,856,853円

出典：文部科学省「私立大学等の令和3年度入学者に係る学生納付金等調査結果について」より作成

あのまま、新卒で入った会社に勤めていたとすれば、3倍くらいの収入はあったはずです。

「でも、自分で開業して、行政書士として稼いだほうがいいと考えました」

行政書士試験の合格率は毎年、10パーセント強。2022年度は47850人が受験し、合格者は5802人でした。合格するまでに、1年間で800時間～1000時間の学習時間が必要だと言われています。

この難関を通過しても、すぐに稼げるわけではありません。そもそも、全国に同業者が50000人もいるところに参入するわけだから、当然のことでしょう。

資格を持っていても、経営は未経験、人脈もまだない。ゼロからのスタートには困難が伴いました。

問題は、その資格を使ってどうやって稼ぐか、です。

●低収入のために断った大学講師よりも稼げない

44歳で自分の名前を冠した行政書士事務所を立ち上げた時は、喜びよりも不安のほうが勝っていました。

■行政書士試験の合格者数と合格率

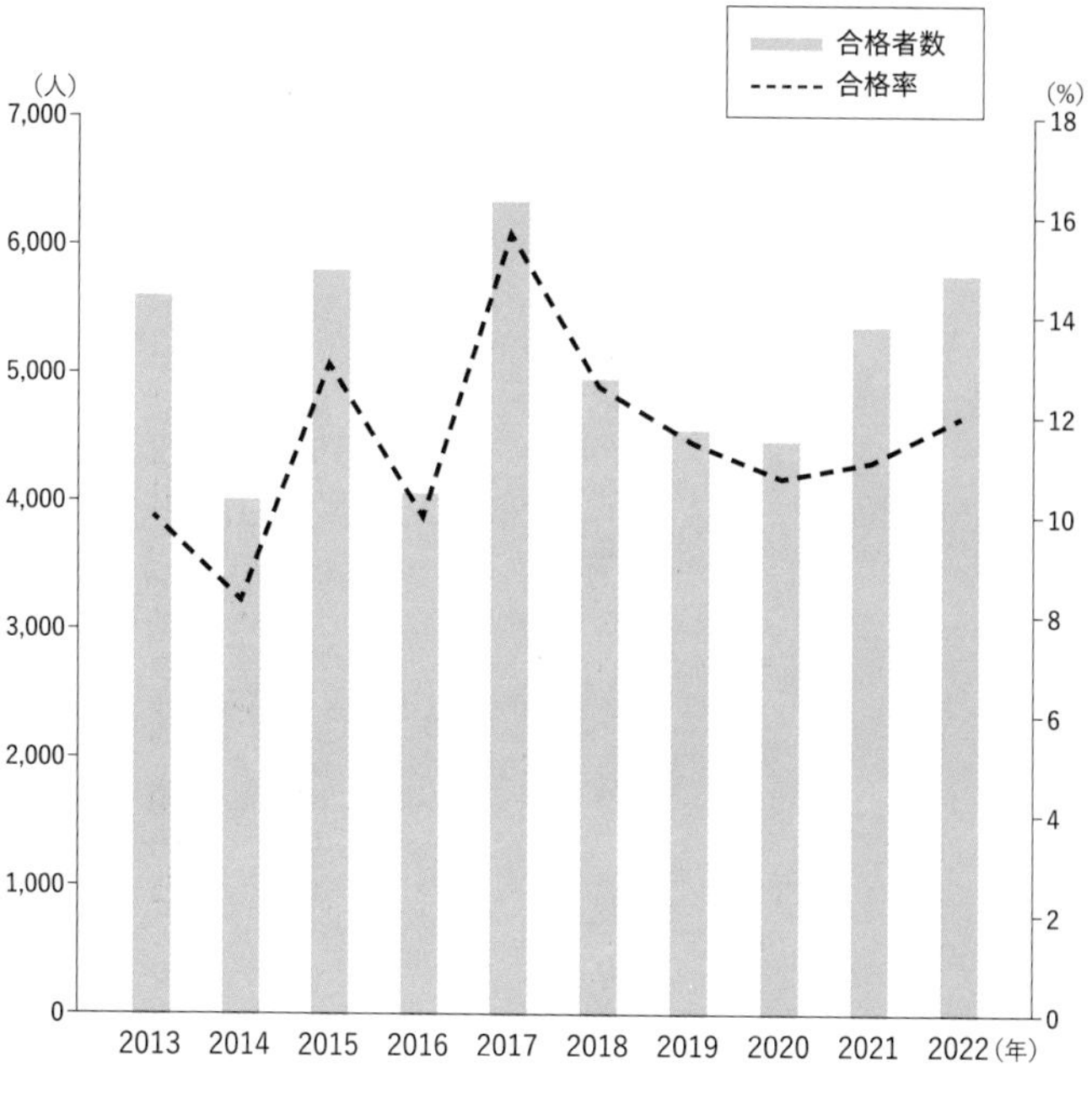

出典：行政書士試験研究センター「試験結果分析資料」より作成
https://gyosei-shiken.or.jp/pdf/trans.pdf

「誇らしい気持ちもあったけど、不安ばかりでしたね。はじめの数年間、年収が300万を超えることはなかった。まずは仕事を取ってこないといけないけど、開業したばかりのところに依頼する人は多くない。**まずは取引先を見つけ、関係性をつくるところから始めないといけなかったから、どうしても時間はかかりますね**」

低収入のために断った大学講師よりも稼げない。「選択を誤ってしまった」という思いがTさんにはありました。

「もう大失敗したなと。300万円もらえるなら、講師のほうがよかったと思いました。行**政書士として開業してスタートダッシュできる人の条件は、仕事ができるとか実務能力が高いとかいうよりも、営業できることだった。**その考えが完全に抜け落ちていました。親がやっている行政書士事務所を受け継ぐというなら話は別ですけど」

多くの人は、さまざまな会合に参加してあいさつをし、顔を売るところからスタートするのですが、Tさんはそれが得意ではありません。

「営業力のある人でも1年目は苦労する。2年目から取引先を増やしていって、3年目くらいから少しずつ軌道に乗っていく。

僕は人見知りで、大勢の人が集まる場所とか社交場には、基本的に行きたくない。それでも頑張って顔を出したけど、取引先を見つけて、関係性を築くまではかなり時間がかかりました」

法律の知識はもちろんあるが集客のノウハウがなかった。このままでは〝資格の持ち腐れ〟になる

そこで、Tさんはかつて勤めていた会社の伝手を頼りました。

「その会社の顧問弁護士だった先生の法律事務所を間借りすることにしました。お手伝いをしながら、自分の仕事もするという形で2年間過ごしました」

家賃の代わりにこなす仕事の分の報酬はゼロ。

「自分の仕事は全然増えなくて、稼ぎもない。将来的な展望も見えないから、そこを出て、自宅開業をすることにしました」

収入がないので、事務所の家賃代は出せない。苦肉の策でした。

「ただ、間借りしていた事務所からの仕事がなくなったので、時間ができました。いろいろなことを考えて、**相変わらず苦手だったけど、交流会とか人と会う場に出かけていきました**」

しかし、状況はまったく改善されませんでした。そこで、大手の行政書士事務所で見習いとして〝修行〟をしながら、法律家としての足場を固める覚悟を決めたのです。料理人になるために、皿洗いから始めるようなもの。行政書士の資格を持っているにもかかわらず、マイナスからのスタートを選んだTさんに、変なプライドはなかったと言います。

「大手の行政書士事務所に、籍を置かせてもらいました。ひとつの案件を完了したら、4割の報酬を得ることができる。自分で取ってこられれば10割だけど、仕方がない。見習いとしていろいろな経験を積めるし、すぐそばに教えてくれる先輩がいたことが大きかった」

4割の報酬しかなくても、コンスタントに仕事をこなすことでスキルが上がり、同時に、年収も増えていきました。2年間の〝修行〟を終え、49歳にしてやっと、本当の意味で独立できるだけの準備が整ったことになります。

「それからものすごく勉強して、自分の事務所をちゃんと持つことができました。7年かけて行政書士になって、独立するまで5年。やっと、リスタートが切れたという感じでしたね」

自分が得たい収入を考えながら仕事ができる

それでも、新卒で勤めていた会社の年収には届きません。

「それは本人の実力だから（笑）。資格を取って3、4年目で1000万円の収入を得られる人もいるにはいるけど、少数派だと思う。トップクラスでそんな感じ。そこから取引先を増やすことができれば、1500万円、2000万円と増えていきます」

どうしても、300万円～400万円から増えない人もいます。7、8年かけて1000万円の大台に乗せられれば大成功ではないかとTさんは分析します。

「600万円～700万円を稼ぐのは大変なことで、この金額に届けば御の字と言えるでしょう。行政書士の場合、その先は比較的安定して収入が得られる可能性が高いので」

Tさんが勤めていた会社は60歳で定年退職になります。その後、再雇用制度を利用すれば7割ほどの給料が保証されますが、ボーナス分の減少を考えれば、年収は半減することに。それも65歳までのことです。

Tさんは続けます。

「どれだけの収入を目指すのかはその人次第。士業の利点は、自分が得たい収入を考えながら仕事ができることです」

士業の利点は1000万円なら1000万円500万円なら500万円の働き方を選べること

士業に定年退職はありません。本人が望めば、何歳までも働き続けることができます。

「まわりの先輩方を見ると、75歳くらいまで現役を続ける人が多いですね。自分に置き換えれば、あと20年近く働くことができます。もちろん、健康であればという条件は付きますが。いい関係性ができた取引先は、よほどのミスをしない限り、長くお付き合いしていただけます。その会社が別の会社を紹介してくれることで、どんどん事業を拡大できる。そういう利点もあります」

60歳の時点で1000万円の年収があれば、それをゆるやかに維持することは難しくないでしょう。行政書士になるまでにかかった時間、独立後に苦労した分は、これから取り返せばいい。

「もちろん人によりますけど、資格を取ってからの数年、3年から4年間は下積期間だと考えたほうがいい。安定した会社員を辞めて苦労して資格を取ったにもかかわらず、この期間を耐えることができずに、3、4年目でやめてしまう人が多いですね」

資格取得＝収入増ではない。その資格が勝手に金を稼いでくれるわけではない

Tさんが言うように、新規顧客を得て、関係性を構築するまでにはどうしても時間がかかります。資格という武器を持っていても、それだけで戦うことは難しい。世の中は複雑にできています。

「せっかく資格を取ったのに、2年も3年も収入が少ないのはつらい。『もうダメだ……』と

思う気持ちはよくわかります。僕の場合は、『ここであきらめたら何も残らない。だから、なんとかしてしがみついた』というのが本当のところですね。もうやるしかなかった」

退路を断って会社員を辞めて行政書士の資格を取り、大学講師の誘いも断ったTさんにはこの道しか残されていなかったのです。

「50歳近くになっての転職は考えられない。大学講師の話はもうとっくになくなっている。ここで踏ん張るしかなかったんです」

Tさんの年収が、以前勤めていた会社の金額を超えたのはここ数年のこと。

弁護士になることを目指して会社員を辞めたのが38歳。「法律家になる」というあの時の決断をTさんはどう振り返るのでしょうか。

「**もう少し早く法科大学院に行くという選択をすればよかったという後悔はあります。会社員として与えられた役割があって、その年齢になったんですけどね。**

同期の行政書士は、30代半ばで開業して勢いに乗ってどんどん仕事を増やしていったり、事務所の規模を拡大したりしています。そういう人を見ると、行政書士になるのが少し遅かったのかなと思う」

30代半ばで開業したあと、3年〜4年の下積みを終えてもまだ40歳。

「まだまだ体力のある40代に取引先を増やすことができれば収入はもっと増えただろうし、余裕を持って50歳以降を過ごすことができたかもしれない」

早めのスタートであれば、会社の規模を大きくして、若い行政書士を迎え入れることができた可能性もありました。

「取引先の会社は、僕が引退したあとも長く事業を続けていくわけです。信頼関係が一番大事なので、うまく付き合っていける人を育てないと。自分としては60代で引退したい。だから、働くのは69歳までかなと」

「早めに引退したいんですよ」と笑うTさんですが、かつての同期たちが退職を間近にしている今、10数年後をしっかりと見据えています。

Tさんは静かに言います。

「69歳までなら責任を持って仕事ができると自分では思っています」

●60歳からのスタートでは遅すぎる

会社員生活に見切りをつけて士業を目指す人は多い。そういう人たちに対して、Tさんはどう思うでしょうか。

「もし行政書士を目指すのであれば早いほうがいい。**会社員を続けながらという人もたくさんいるけど、なかなか受かりません。**もちろん、無理ではありませんが、かなり難しい。何年もかかってしまう」

試験用の勉強に専念しても、少なくとも1年、2年はかかるでしょう。「週末だけではとても時間が足りない」とTさんは言います。

「休日が2日あったとしても、休養は必要だから、すべての時間を勉強に割けるわけじゃない。もし月に4日だけきっちり勉強したとしても、時間が足りません。士業の中では、行政書士と社会保険労務士が比較的やさしい試験ではあるけれど、お勤めをしながらでは難しい」

さらに難易度の高い弁護士、会計士、税理士、司法書士などは論外です。

■主な資格の合格率と平均的な勉強時間

資格	合格率	必要な勉強時間（目安）
宅地建物取引士（宅建士）	15～16%	300～400時間
行政書士	**9～15%**	**600～1000時間**
社労士	5～7%	1000時間
司法書士	3～5%	3000時間
税理士	15～20%	3000時間
公認会計士	8～12%	4000時間
弁護士	20～40%	6000時間

「独立して仕事につなげられるとすれば、行政書士か社会保険労務士だと思います。**60歳で定年退職してから資格試験のための勉強を始める人もいるけど、それでは遅い。**資格を取るまでに数年かかるとすれば、開業するのが63歳〜65歳。そこから取引先を探して仕事をもらうのはさすがにキツいですね」

65歳を過ぎた新人に仕事を任せたいと思う人がどれだけいるでしょうか。残念ですが、それが現実です。

「僕が見る限り、うまくいっているケースはほとんどない。60歳だとまだ〝現役感〟があるんですけど、65歳になるとなかなか……」

誰でも年はとります。それに抗うことは難しい。

「普通であれば、引退を考える年齢ですからね。会社員はもちろん、経営者でもそうだから、60歳からのスタートが大変であることは間違いないでしょうね」

●会社にしがみつくという選択肢もある

Tさんのように、会社員としての仕事に疑問を感じて、外の世界に飛び出したいと考える人もいるはず。そういう人に対してはどう思うのでしょうか。

Tさんは言います。

「基本的に、自分のやりたいことしか長く続けられないと僕は思っています。だから、『これをやるんだ。残りの人生でやり遂げるんだ！』という強い気持ちがないのなら、そのまま会社に残ったほうがいい」

「資格があっても、独立して個人の力で会社員時代と同様に稼ぐのは難しい」

自分よりも若い上司にどんなことを言われても、周囲から空気のように扱われても、会社にしがみつくという選択肢はあります。退職後にバラ色の生活があるという保証はどこにもありません。

「長く勤めた会社なら、気心の知れた仲間もいるはず。組織にいる限り、最低限、守られる部分はありますしね。僕自身、組織が嫌で会社を辞めた人間なので、『辞めたい』という気持ちはよくわかりますけど」

退職したあとに、収入を得られる可能性がどれくらいあるのか。その道に進んで後悔しないのか。定期的な収入があるうちにしっかり考えたほうがいい。

「たとえば、行政書士になっても、成功している人もいればうまくいかない人もいる。その現実もしっかりと見たほうがいい。

ただ、行政書士を目指すと決めたら、モデルケースはたくさんあるから、それに自分をなぞらえれば実現可能性は見えてくるはずです」

資格を取って、取引先を開拓して、信頼を得て関係性を強化する——それは覚悟がないと難しいことだとTさんは考えています。

「会社員を辞めてから士業に進んだ人はたくさんいるので、勉強法を探ったり成功までの道筋をたどったりすることは簡単にできる。収入がいくらくらいになるのかというのも調べられます。そういうものを精査したうえで決断してほしい」

38歳で会社員を辞めて、法科大学院への進学を選んだTさん。

最大の目標だった弁護士にはなれませんでしたが、今は行政書士として自分の足で立っています。

司法試験のために費やしたのは7年、開業してから軌道に乗るまでにかかった時間は短くはありませんでしたが、目の前には自分がやるべき仕事があります。

遠回りして手に入れた仕事だからこそ、責任を持ってまっとうする覚悟がTさんにはあるのです。

CASE
2

メガバンク行員の場合

20代でベンチャー投資の担当になってスペシャリストに

20代の最後に出合った面白い仕事

１９９０年に全国に14行もあった都市銀行は、その後の10年で合併・統合を繰り返し、３つのメガバンク「みずほ」「三井住友」「三菱ＵＦＪ」と「りそな」になったことはすでに述べました（Ｐ57参照）。

Ｂさんが社会人としてスタートを切ったＣ銀行もそのひとつ。大きな組織がひとつになるにあたり、当然、銀行員たちが抱えたストレスは多かったことでしょう。しかし、Ｂさん自身は荒波に揉まれながらも、時代の波にうまく乗りながら、会社員として過ごしてきたように見えます。それは、20代のひとつの人事異動が大きなきっかけでした。

入行後の研修を経て、Bさんは銀行のある支店に配属されました。

Bさんは当時のことをこう振り返ります。

「銀行に勤めてみて、やっぱり事務作業が多いんだなと思いました。お客さまの大切なお金を預かるのだから当然のことなんだけど、『本当に細かいな』『ずっとこんな感じで働くのか』と思ったりしました（笑）。自分の性格を考えると、全然合わない」

その後配属されたふたつの支店で銀行業務を叩き込まれたあと、入行して6年目に転機が訪れました。「ベンチャー投資の担当に」という辞令が下ったのです。

北海道拓殖銀行や山一証券が業務停止になる少し前のことでした。

辞令を受けたBさんは思わず、「どんな仕事をするところですか」と聞き返しました。ベンチャー投資と聞いても、何も思い浮かびませんでした。

Bさんは言います。

「本当に知識もイメージもなくて、そう言いました。当時、通常の銀行業務とは違う仕事をしてからまた戻ってくるという制度ができて、それに指名された形でした」

しかし、実際に職務についてすぐ、Bさんはこう思いました。

「こんなに面白い仕事があったのか!」
もう普通の銀行業務には戻りたくないと思ったのです。

●担当して味わったベンチャー投資の醍醐味

銀行員の出世レースで考えれば、王道から少しそれたように見えますが、Bさんにとって関係はありませんでした。

30歳になる前のBさんの好奇心は大いに刺激されました。

「本来の銀行業務が細かすぎて、自分の性格に合わないということもありました。会社に融資して金利で儲けるというのが銀行のビジネスモデルだから、大きな利益が見込めるわけじゃない。だけど、ベンチャー企業への投資であれば出資金の何倍も戻ってくる可能性がある。そこに一番、惹かれましたね」

まだ世の中に定着していなかったり、存在していない商品やサービスを開発・提供するベンチャー企業は、失敗する危険性とともに大きな可能性を秘めていました。

その事業が伸びるかどうかは誰にもわかりません。そんな中で、Bさんはそれまで味わったことのない喜びを感じていました。

「いくら分析しても、うまくいくかどうかはわからない。条件が整っていても、出資金がゼロになる可能性はあります。リスクを覚悟しながらリターンを求めて資金を出して、成功すれば10倍にも30倍にもなって返ってくる。そういう仕事にしびれましたね」

ベンチャー企業と一緒に新しい未来をつくることに大きな喜びを感じる

ゼロか100か――すべてをかけて勝負に挑む起業家たちの姿は、エネルギッシュで魅力的に思えました。

「ダイナミックであるという部分は、通常の銀行業務にはないものです。**自分の性分に合っていたと思う**」

スペシャリストとして生きる道

もうひとつBさんにとって幸運だったのは、経営者と直接やり取りできたことです。

「銀行と対応するのは経理部長だったり、CFO（最高財務責任者）だったりするんだけど、ベンチャー投資であればその会社のトップ、社長と対峙することになります。上場を目指すような会社の社長が思い描いているものは大きいから」

まだ値のついていないものが、株式公開することで驚くほどの価値になることもある。もし10社に投資して、9つの失敗があっても、ひとつの成功ですべてを取り返すこともできるのです。

Bさんは言います。

「銀行が評価するはその会社の過去＝業績、実績。ベンチャー投資では未来を見る」

いくら適性があったとしても、普通の銀行業務に戻る日がいつか来ます。数年おきに異動があり、それを拒むことはできません。ところが、ここでもまたBさんに幸運が舞い込みました。

「もちろん、異動の辞令が下れば移るしかないんだけど、新しい制度ができたんです。ベンチャー投資は専門性がものすごく高いから、本人が望めば仕事を続けることができることに。その時、僕は手を挙げて、この道ひと筋でやっていくことに決めました」

Bさんはスペシャリストとして生きる道を選んだのです。

「どういう道を選ぶのかは、その人それぞれの価値観。銀行に戻って、えらくなる方法を探すという手もあったはず。でも、僕には支店長になりたいとか、本部の部長になりたいとかいう気持ちはまったくなかった。傍流と言われれば、そう。そのあとはずっと傍流で生きてきました。

後輩たちの考え方は多様になっているから今はそうじゃないかもしれないけど、銀行では支店長になって、その上の役職についていというのが一般的に目指すコースだったと思う。

でも、マネジメントよりもプレーヤーとして働くほうが、自分には合っているような気がしたし、やりがいも感じましたしね」

「銀行員としては珍しいタイプだと思う」とBさんは笑います。

「異動の辞令を受けてやってみたら、その仕事がたまたま自分に合っていた。もし、うまくいかなかったら銀行に戻って支店長を目指したかもしれない」

会社員は、自分で仕事を選べるわけではなく、活躍できる場所に行けるかどうか、そこで力を発揮できるかどうかは誰にもわかりません。

「もし希望の仕事につけたとしても、そこで結果を出せないかもしれない。僕がベンチャー投資を担当したのは本当に偶然で、縁というか、巡り合わせのようなものを感じました」

日本経済の動向、時代の動きもBさんに味方したことは間違いありません。

「入社した当時、ベンチャーと言えばリクルートくらいでしたけど、その後、ヤフーなどが株式上場したりして、そういう成功例が出てきて、世の中の起業自体への考え方も変化していったと思います。僕が幸運だったことはたしかですね」

■1990年以降で新規上場した国内企業数

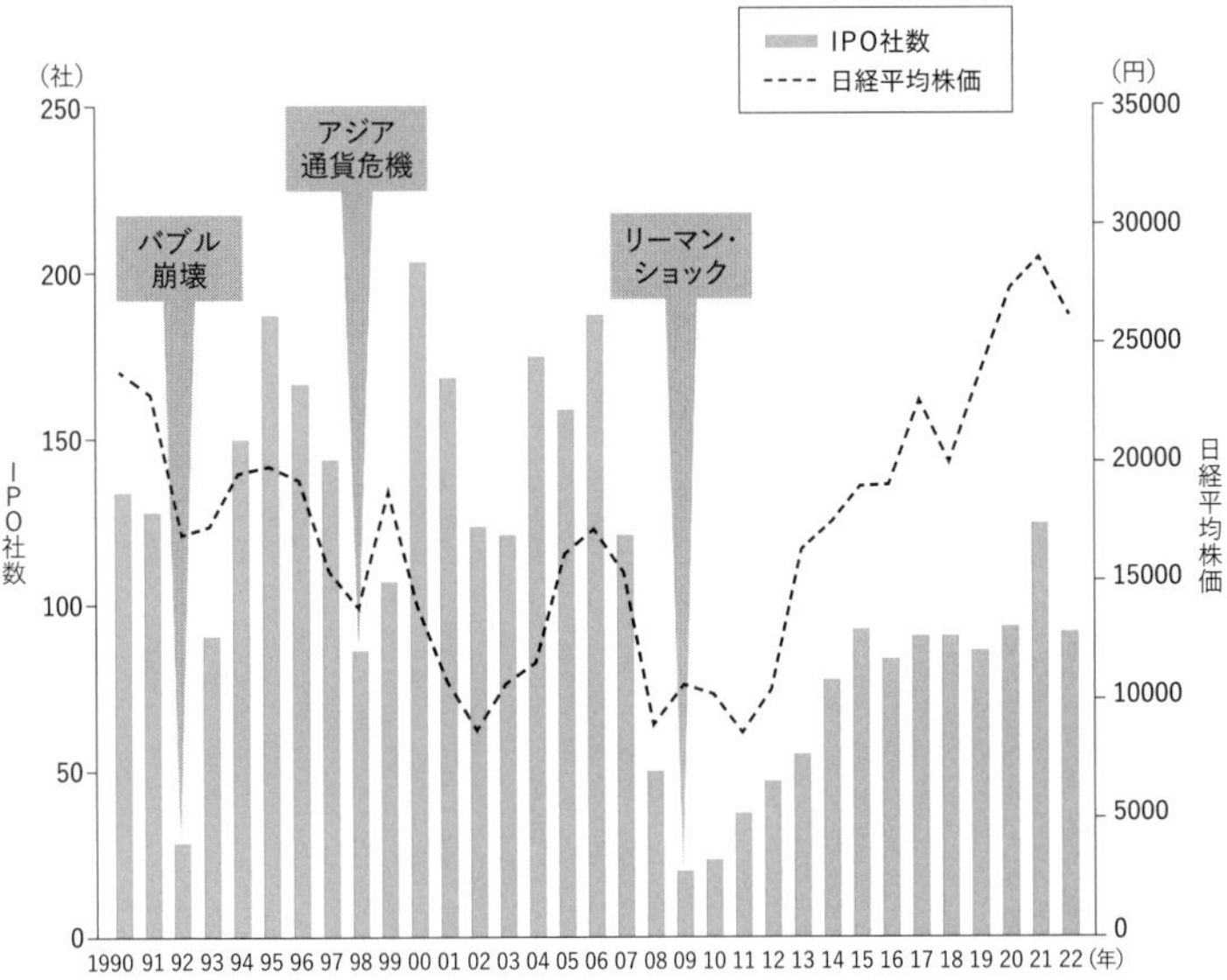

引用：株式会社帝国データバンク「IPO社数・株価推移（1990～2022年）」

●傍流にいる人のほうがチャレンジできる

1990年当時、人材登用の考え方には日本企業に共通するものがあったと野田稔教授は言います。

「私たちはよく『主力事業』という言い方をしますが、会社の中で一番売上があって、歴史があってという事業にエリートを置くことが多い。

競争に勝って、成熟した部門であれば、ダイナミックなことよりも、コストダウンとか、薄く利益を出すことに注力するようになります。どうしても、チャレンジングではなくなってしまう。

それに比べると、傍流にいる人のほうがチャレンジを許されることが多く、そこで伸び伸びと仕事をすることで成長する人材が多いのは事実ですね」

主力事業であれば注目度も高く、周囲の見る目は厳しい。

傍流の部署であれば、自由な発想も、前例のないやり方も認められる可能性が高くなります。

「日本の企業もそこで働く人たちも、保守本流の思考が強かったのは事実です。冒険心もなく、イノベーティブでもない仕事に労力と時間を費やした。

本流と言われるところでチャンスを与えられないのなら、傍流でもいいから、そこで経験を積んだほうがいい。『イノベーションは辺境から起こる』と言いますが、その通りだと思います」

ベンチャー投資もそうですが、M&Aなど、数十年前であればあまり注目されなかった分野に関わることが担当者にとって「吉」となることがあります。

野田教授は続けます。

「海外のM&Aが華やかですが、成功確率と案件数では、日本国内も相当なものがあります。たとえば、地方にあるスーパーマーケットは1社では生き残ることができないから、どこかと合併するしかない。製薬会社もそうです。景気の悪化と競争激化によって、M&Aの必要性が高くなっています」

M&A担当者からすれば、これほど幸運なことはありません。

「本当にラッキーだと思います。放っておいても案件が向こうから転がり込んでくるんですから。事業継承とM&Aはこれからますます増えていきます」

その背景には、日本企業の特殊性があると指摘します。

「日本のお金持ちは、外国の人たちとは少し違っているんですね。総資産の7、8割を現金ではなく、自社株で持っているケースが多い。

その場合、M&Aで現金化するのが一番手っ取り早いわけです」

●仕事を通じて見たダイナミックな世界

ベンチャー投資の担当になったBさんはその道ひと筋で進み、現在もその分野で活躍しています。

就職活動をしている時「いろいろな世界を見ることができる会社で働きたい」と考えたことが現実になったのです。

「銀行員としていろいろな取引先を担当して、さまざまな業界と接することができました。その経験も自分にとっては大事なものですが、ベンチャー投資を通じてもっとダイナミックな世界を見ることができた。そういう意味では、**この仕事をずっとやってきてよかったなと思う**」

株式上場を成功させてジャパニーズドリームをつかむ起業家をサポートしたBさんですが、

■M&A市場　長期のトレンド

引用：https://www.mecyes.co.jp/library/specialist/vol021

彼らのように大金を手にしたわけではありません。１００倍の利益を得ても、給与や待遇はほかの銀行員とたいして変わりませんでした。

「もちろん、評価のシステムはほかの銀行員と同じです。1億円を１００億円にしたからといって、金銭的な見返りはない。あくまで裏方として彼らを支えるのが僕たちの仕事なので当然です」

アメリカでのベンチャーキャピタルと日本のそれとではまだまだ差があります。

「アメリカでは相当にリスペクトされていますが、日本ではまだまだ。銀行を離れて独立しようと思ったことはありません」

投資を受ける会社で働いて当たり前のことが当たり前じゃないと気がついた

Bさんは一度だけ会社にかけ合って、投資を受ける企業で勤務したことがあります。今から20年ほど前、Bさんが30代半ばのことです。

「投資する側ではなくて、投資される側のことも知っておきたいと思って、自分が投資した会社で1年間働かせてもらいました。実際にそこで働いてみて、見える景色がまったく違っていて、本当に驚きました。

銀行にはきちんとしたルールがあって、決まりごとがある。どんな会社でもそうやっていると思っていたんだけど、全然そうじゃない」

銀行員の常識で考えれば「えっ？」と驚くような出来事にも数多く遭遇したといいます。成長途中の会社では、人員が十分ではなく、整備されていない職場の現実を初めて目の当たりにしたのです。

「一般の企業なら許されるのかもしれないけど、こちらからすれば『なんで？』ということもたくさんあった。会社としての経験も足りないから、仕方がないとも思いましたが。そういうことがあるとわかったことが収穫でした」

その会社の常識も、ところ変われば非常識になることだってあるのです。

「ずっと同じ会社や組織にいたら、絶対にわからなかったことがたくさんあります。**同じカルチャーのところに居続けるのではなく、一度、外の世界を見たことで多くのことに気がつ**

きました」

自分にとって異質だと感じることにぶつかって何を思うのか、そこで何を発見するかでその人の道が変わるのでしょう。

「人の能力って、もともとそんなに差がないのかもしれない。そこで実力を発揮できる人もいれば、そうじゃない人もいる。大事なのは、『その人が何を考えて、どう行動するか』でしょう」

ベンチャー投資を通して、Bさんは実にさまざまな起業家、会社員を見てきました。

「ひと昔前の起業家は、商才があったり、一発当ててやろうという野心を持っている人が多かったように思う。みなさん、ものすごくバイタリティがありましたね」

いろいろな企業の経営者や社員と接することで、「学歴は関係ない」という思いに至ったという。

「東京大学を出ても、うだつが上がらない人もたくさんいますよ。自分が〝バブル組〟だから言うわけじゃないけど、有名大学を出たかどうかよりも大切なことがある」

●メガバンクの行員でも転職は難しい

銀行員の会社員人生は短い。

Bさんによれば「銀行では、50代になったら、役員として残れるか、外に出るかの二択」。**500人もいた同期のうち、最後まで残れるのは5人程度という狭き門です。**

昔であれば、就職先をあっせんしてくれることもありましたが、今はそうではありません。「かなりシビアになった」とBさんは言います。

> 銀行の支店長だったからマネジメントができる。
> そんなに**甘い世界ではない**

普通の銀行員とは違う経験をしたBさんは、同世代の転職、独立についてどう思うのでしょうか。

「転職しようと思っても、『普通にマネジメントができます』というだけでは通用しないでしょう。この分野なら誰にも負けないというものがなければ。『英語や中国語で交渉ができる』とか、『商品の生産管理ができる』とかほかの人にはない強みがあれば、何歳になっても求められるはず。

でも、『メガバンクで支店長をやってました』というだけではおそらく勝負できない。銀行員としてはたしかに頑張ったんだろうけど、その経験をほかの会社で生かせるかどうかはわかりません」

Bさんが言うように、銀行ほどルールを厳格に守る会社は多くない。新しい会社に移れば欠点ばかり目につく可能性もあります。

「そこで『こんなこともできないのか？』と思うことがあるかもしれないけど、そういう気持ちが態度に出たら受け入れられるのが難しくなる」

「郷に入りては郷に従え」ということわざはまだ生きています。

もともといた会社での経験を生かしながら、別の職場でとけこむ努力を怠らないことが大切なのでしょう。

「それまでいた場所とは違う経験をすることは、その後の人生において大事だと思いますよ」

「会社にいる時から『この看板がなくなってもやっていけるのか』と考えられるかどうか」

●退職後の現実を見るのが怖い

60歳で定年退職して、そのまま隠居できる人のほうが少数派。頭ではわかっているつもりでも、本当に理解できている人がどれだけいるでしょうか。

「いずれその日が来ると頭ではわかっていても、定年退職後のこと、または会社を辞めたあとのことを考えたくないという人は多いはず。現実を見るのが怖いというのは絶対にあると思う」

これからは、新卒で入った会社で定年退職まで勤めあげることはレアケースになるでしょう。

「最近は、大きな会社に入っても辞める人もいるし、中途入社してくる人もたくさんいますね。新卒一括採用で最後まで勤めるということは珍しくなるかもしれない。そういう時代なんだと思う」

Bさんは現在の会社に60歳までは勤めるつもり。しかし、そのあとについては「未定」と言います。

「息子たちはもう社会人になって独立したので、しゃかりきになって稼ぐ必要はない。自分のペースで働ければいい」

Bさんは30数年の会社員生活を振り返りながら、こう言います。

「今までのサラリーマン人生はそれなりに忙しかったので、残りの人生は楽しみたいなという思いはありますよ。**何歳まで元気で働けるかわからないけど、自分のやりたいことをやって、夫婦が仲良く、元気で暮らしていければと**」

Bさんは中小企業診断士の資格を持っています。

「したことのない仕事をするのは大変なので、これまでの経験を生かせればいい。会社を辞めたあとは、資格を生かして何かできればとぼんやりと考えています。

若い頃に比べれば、バイタリティとか、新しいものを貪欲に吸収していく気持ちが少しずつなくなっているけど、自分なりに頑張っていきますよ」

もし長い休みが取れたら、Bさんにはやりたいことがあります。

「あんまり年を取っちゃうとできなくなるから困るんだけど、長い休みが取れたらツーリングとかに行きたい。バイクに乗って日本全国を回ってみたい。夏の北海道なんて、最高ですよね」

Bさんの一番の目標は「死ぬ間際に、『ああ、いい人生だったな』と思うこと」。そのためにはまだまだ、やるべきことがあるのです。

CASE 3

旅行代理店社員の場合

大学院でMBAを取得して「会社を変える」

経営者と裸の付き合いができる幸せ

200社以上に資料請求のはがきを送るなど精力的に就職活動を行ったFさんが選んだのは旅行代理店でした。大学時代に拳法部に所属しながらオフには海外に出かけていた経験もあり、添乗員の仕事も苦ではありません。

ツアーを企画し、営業をかけ、添乗員として同行する。そこからFさんの社会人としての人生が始まりました。大学卒業後、関西の支社に配属されたFさんはこう言います。

「中小企業の場合、社員旅行でも研修でも、最終判断をするのは社長なんです。別の人が窓口になっていても、最終的には一番えらい人の決裁を仰ぐことになりますね。新入社員だった私にとって、権限を持っている人と直接会って話ができるのがうれしかった」

添乗する場合には、社長と接する機会が多くなります。

「社員の人に敬遠されがちな社長も意外に多くて、移動中や宴席などで私が隣の席になることも多かったですね。経営者の人って、どこに行っても仕事の話をします。移動中などリラックスした場だと普段なら聞けないことも話してくれるので、とても勉強になりました」

背中を流すことまではしませんが、風呂場で一緒になることもあります。

「文字通り、裸の付き合いができる。旅行の仕事をしていないとそんなことはなかなかないと思います。社長に気に入られるとまた次のチャンスをもらえるかもしれない。長いお付き合いをさせていただいた会社もたくさんありました」

サービス業である旅行業界の新入社員の初任給は、ほかの業界に比べればけっして高くはありません。企画→営業→添乗というサイクルをうまく回していくうちに、Fさんの営業成績も伸びていきました。しかし、ここで「添乗はずっと続けられることではない」と気づいたのです。

「自分がツアーを企画して、お客さまに喜んでいただくことは本当にうれしいし、経営者の話を聞くのは楽しかった。でも、サービスの対価としてではなくて、自分の社会人としての対価として給料自体を上げたいと思ったんです」

会社員として抱いた
えらくなりたい、給料を上げたいという欲求

●旅行という産業を活性化させるために

Fさんが目指したのは、旅行の現場を離れて本社部門に行くことでした。

「50代になっても、添乗員としてツアーにつく人はたくさんいます。頑張ってやっていても、体力的にはしんどいはず。みんな旅好きなんですけど、お客さまへのサービスを徹底して継続するのも大変で……。

どの部署が花形なのかという判断はその人によりますが、私の場合は営業企画とか経営企画を目指しました」

就職先として旅行会社を選ぶにあたって、「旅行業界を変えたい」という野望がFさんにはありました。

「旅行という産業を活性化させるためには、そういう部署にいなければと思いました。と同時に、自分に足りないことがあることに気がつきました。大学では文学部地理専攻だったので旅行に対する知識には自信がありましたが、それだけでは勝負できない」

経営者と裸の付き合いをするうちに、どうしてもついていけない話がありました。

「最後にはいつも経営の話になるのですが、私には圧倒的にその知識が足りない。**財務や経営管理のことになると、突っ込んだことが言えなくなる。**せっかく社長がいろいろと話してくれているのに、うまく答えられない。自分の中に〝解〟がなくて困りました」

中小企業の経営者と話す機会が多かったFさんは30歳になる前に、中小企業診断士の資格を取るために勉強を始めました。

「結婚して子どももいたので、妻には『なんでそんな勉強をするの?』と聞かれました。子どもの世話は任せて、休日は図書館にこもって勉強していました」

1次試験は受かったものの、制度の変更時期と重なったこともあり、資格を得ることはできませんでした。

「1年目は2次で落ちたんです。翌年に制度が変わって、また1次から受ける必要があり、イチからやり直すのは腹立たしいので方向転換をしました」

Fさんは会社に勤めながら、MBAを取得するために国内の社会人大学院に通うことを決めたのです。

●多忙な中で感じた学ぶことの楽しさ

MBAとは、Master of Business Administrationの略。中小企業診断士や公認会計士のように国家試験に合格して与えられる資格とは違い、世界各国のビジネス系大学院（ビジネススクール）にて一定の単位を取得することで授与されるビジネス学位です。日本では経営学修士と呼ばれます。

「中小企業診断士の2次試験が法律的な勉強ばかりだったこともあって、実務で使えるものをと考えてMBAを目指すことにしました」

FさんがMBA取得に向けて本格的に動き始めたのは2008年のリーマン・ショックが起きる前。30代後半のことでした。

「30代半ばからその勉強を始めて、40歳になる前に2年間、大学院に行きましたね」

働き盛りのFさんは会社員としての仕事に加え、組合活動もしていました。多忙な中で、なぜ夜間と休日のMBAコースの勉強を続けることができたのでしょうか。

「間違いなく忙しかったんですけど、楽しかった。学ぶということ自体に喜びを感じていました。

大学院ではマーケティングをやろうと思って、ファイナンスと統計学を選んで、マーケティングとファイナンスの関係を統計分析して最終修士論文を書いたんです。とにかく、自分には知識が足りなかったから、何かを発言するための根拠が欲しかった」

仕事と勉強の両立を果たしたFさんは、無事にMBAを取得したあと、東京に異動になりました。

Fさんは言います。

「きちんとした知識と理論を持ったうえで会社を変えることができる**中枢の部署で働ける喜び**を感じました」

「**自分に対する危機感もあって、20代のうちに勉強することの必要性に気づいたからよかった。**今も営業して添乗を続けている同期には、体力も給料も下降線で、『こんなはずじゃなかったのに……』と言っているメンバーもいますね」

50代になっても添乗を続ける人もいれば、地域の観光行政、観光関連団体に出向になった人もいます。

「出向先で求められる仕事ができている人はいいんですが、実際にはどうなっていることやら。旅行の営業経験はあったとしても、観光マーケティングなどの特別な知識があるかと言われれば厳しいかもしれない」

学費は全額自腹で、ローンを組んで返済

大学院で学んだ2年間は、彼に何をもたらしたのでしょうか。

「30代後半で大学院に通い始めた私が、大学院の同期では年齢的にだいたい、真ん中くらい。会社の方針で通う若い人もいたし、**大手企業で幹部候補だった50代の人が次のステップを目指してというケースも多かったですね。**観光業はもとよりサービス業の人はいませんでした」

会社からの指示で大学院に通う場合、個人で費用を負担する必要はありません。Fさんの場合はあくまで自発的なもの。だから、当然、自分で全額を払うことになります。

前述したように、当時の社会人大学院の学費は、年間で100万円から150万円程度はかかると言われていました。

10代の子どもの教育費、住宅ローンを抱えたFさんは、学費を現金で納めることができませんでした。

「私はローンを組みました。2000年代の半ばには社会人が利用できる教育ローンがあまりなくて、国民生活金融公庫にかけ合って借りることにしました」

学費がかかる分、削るところは削らないといけない。そのため、趣味のゴルフを封印することになりました。

「どっちみち、大学院への往復や勉強に時間を取られて、ゴルフをする時間はまったくなくなりましたけど。妻には家庭のことを全部やらせて、本当に申し訳ないという気持ちもありました」

この時、新しい習慣が身についたと言います。

「**大学院に入ったことをきっかけに、本をたくさん読むようになりました。本を読んで知識**

を入れないと、大学院ではディスカッションができないから。与えられる本の数が尋常ではなくて、一晩で2冊くらい読まないと追いつかない。読み方、速読のテクニックを身につけてから、短時間で多くの本を読めるようになりました。今では習慣になっていて、週末に3、4冊は読んでいます」

大学院の卒業から15年以上が経っても、ともに学んだ同級生たちとの交流は続いています。

「親しくしている人が15人くらいいる中で、当時勤めていた会社に残っているのは私だけ。もともと経営者だった人もいますけど、みんな、キャリアアップしていました」

Fさんは当時も今も異色の存在のようです。

「私は大学院で学んでも、起業しようとか転職してキャリアアップしようとは思わなかったですね。ここで学んだことを自分がいる会社で生かしたいというほうが強くて」

起業する同級生に誘われても、心は動きませんでした。

学び直すことで新しい何かが見える。人はひとりでは成長できないが仲間がいれば強くなれる

久しぶりに再会した大学院の同級生たちはみな、明るい表情をしていました。「年齢を重ねましたが、みんな、新しいことをやろうと前向きでした。もうひとつうまくいかなくて悩んでいる人もいましたが、**『今こうしてやりたいことができているのは、大学院で学んだ2年間のおかげ』と言っていましたね**」

同級生に共通するのは大学時代に学ばなかったという心残りがあること。

「だから、社会人になってまた勉強しようとしたんでしょう。学び直すことで、新しい何かが見えてくる」

自発的なリスキリングほど本人の力になることはありません。

「私がすごいと思うのは、ビジョンが明確で、きちっと計算ができる人。今の会社のキャリアを冷静に分析したうえで、新しいことを勉強して次に向かおうと考えていますから」

年齢も所属する組織もみんな違っています。しかし、学ぼうとする気持ちが他者を刺激し、回り回って自分のところに戻ってくるのです。

30数年後の〝バブル入社組〟は3割足らず

Ｆさんがずっと勤めている会社は、その後、大きく体制を変えました。それによって勤務地も働き方も変わった人が多くいて、１９９０年に入社した時に８００人もいた同期のうち今も会社に残っている人は３割未満に。

「リーマンショックの前の時点ではもう少しいたのですが、コロナ禍でさらに減ったようです。旅行業界に転職した人はほとんどいません。生命保険、損害保険の有名企業に移る人が多く、取引先に転職する営業マンもたくさんいますね」

企業のトップと直接話ができるという強みを生かすケースも多いようです。

一時期、グループ会社の役員をつとめていたＦさんですが、今は本社に残り、あるプロジェクトを任されています。

「自分で言うのも何ですが、出世のラインに乗っているのか、外れているのか微妙なところで……。ゴールが２０３０年に設定されている、大きなプロジェクトを任されています。私は途中で定年退職を迎えることになるので、そうなった時にどんな関わり方をするのかはま

■訪日外国人旅行者数の推移

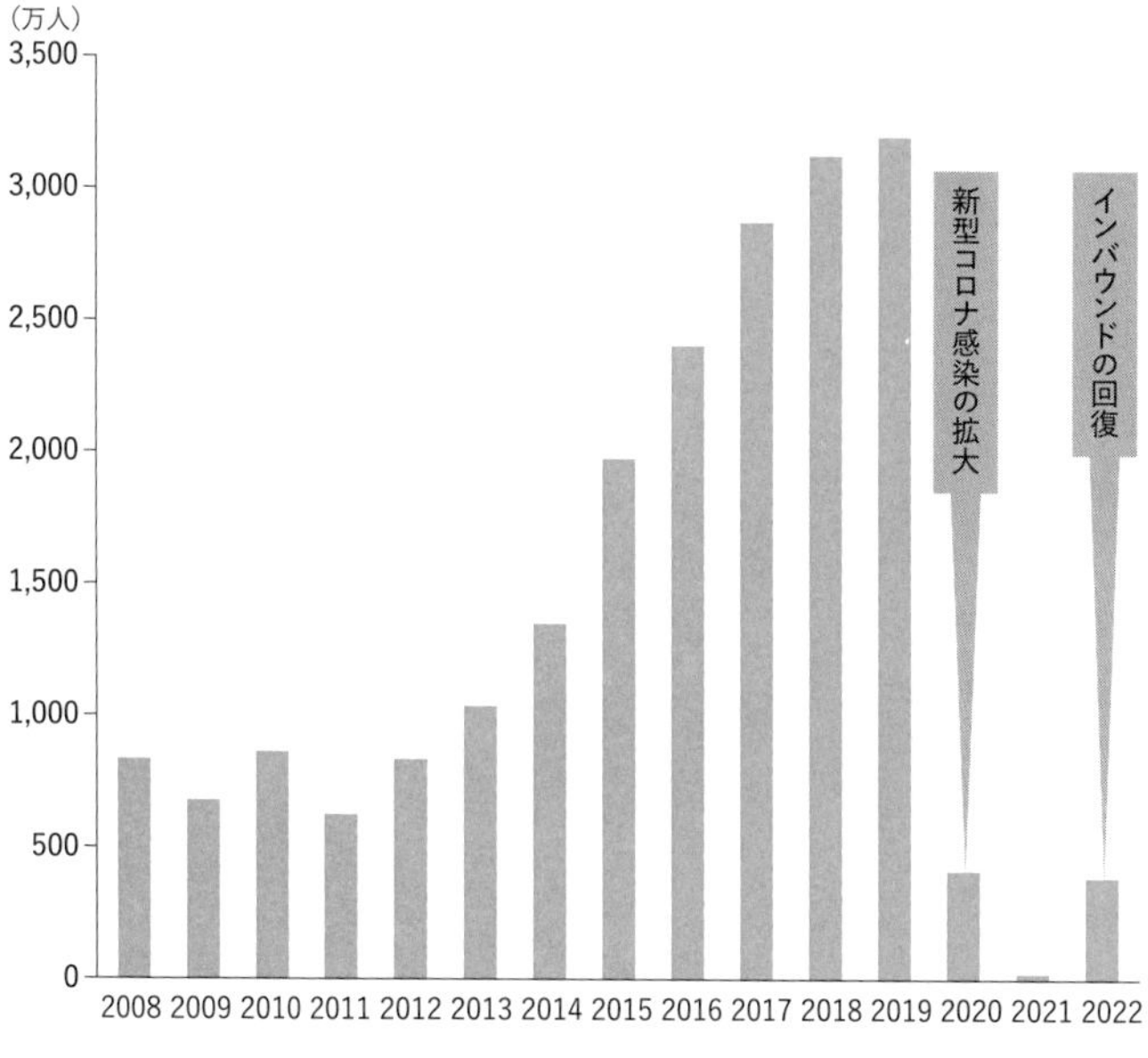

出典:日本政府観光局「訪日外客数(2022年12月および年間推計値)」より作成
https://www.jnto.go.jp/news/7afad23f1dbb987072d2d221a0b97b109d236570.pdf

だわかりません。

そのプロジェクトはゴールまでに3つくらいのフェーズがあり、来年あたりにひと区切りがつくので、何か動きがあるかもしれない。別の道も考えておかないと」

勤続30年を超えても、Fさんの愛社精神はゆるぎないものがあります。

「**大学院でMBAを取ったあとも転職しなかったのは、会社をいい方向に変えたいと考えたからです。**

それを推進していけるほど出世していないし、残された時間はもう少ないけど、今のプロジェクトを通じてできることがあると思っています。

2030年ゴールを迎えるこのプロジェクトを、もっと中心になってリードしていきたいという気持ちがある一方で、自分の人生は一度きりだから『自分のために』とも思う。そういう葛藤はありますよ」

Fさんにはもうひとつの選択肢がおぼろげながら見えています。

「まずは、これまでの経験を生かして、本を執筆することですね。自分が経験したことを棚卸しして、整理しているところです」

その一方で会社への貢献について考えています。

「今の会社で求められるのは、PM（プロジェクトマネジャー）なんです。**現場を理解したうえで理想に向けて人を動かすのは本当に難しくて、これができる人材が少ないなと感じています**」

現在取り組んでいるプロジェクトを推進するうえで、苦労も学びも多いと言います。

「ここ数年、どうやって人とコミュニケーションを取るかということに悩みに悩みました。生身の人間が相手なので、理想ばかり語っても、仮説の数式にあてはめようとしても……自分がたどりついた結論を口に出さないで、メンバーにどうやって答えを出させるかに苦心しています。もう、我慢、我慢の連続ですね」

本も読まずに勢い任せ……マイナスからのスタートだったから大きく飛躍することができた

●ジャンルを問わず多くの企業が抱える課題

Ｆさんが関わるＤＸ（デジタルトランスフォーメーション）とは、ビッグデータやデジタル技術などを活用して製品やサービスを変革するほか、ビジネスモデルや組織のあり方や企業文化を変えること。それによって企業は他社よりも優位性を持つこと、社会生活がよりよいものに変わっていくことが期待されています。

Ｆさんには日本の企業に共通する課題が見えています。

「多くの企業が、未だに勘と度胸で経営を回しています。小さく正しい失敗をして学ぶことが大事なのですが、それがものすごくヘタなんだと思います。だから、大きな失敗した人に対して厳しい。自らが挑戦してこなかった人や、失敗か成功かの基準も設定せずに命令だけしてきた人がえらそうなことを言う風潮を終わらせたいんです。

そろそろ、データをもとに判断したうえで、ロジカルでスピーディーに経営していかないと。今、大事なターニングポイントを迎えていると思います」

ジャンルを問わず、多くの企業に求められていることです。

「私は高校二年生まで理系だったこともあり、データやデジタル技術に関して興味があります。大学院で学んだことと併せて、今いる会社に適用していきたいと考えています。論理的に理解できるし、企画も立てられるし、分析のアドバイスも可能なので。**これが成功すれば、将来的には他社のコンサルティングもできるようになるだろうとも思います**」

まずは会社から与えられたミッションを達成したうえで、将来につなげようと目論んでいます。

「これまでの仕事で得た経験や自ら学んできたことを踏まえて、独立したとしても、成功報酬をもらう形でもやっていける自信が自分の中にはあります」

自身が大学院で学んだ経験もあり、大学や大学院で教鞭をとることも考えていると言います。

「大学生に教えながら、企業相手のコンサルティングをする会社を起こそうかなという気持ちもあります。自分でやりたい研究をしつつ会社として実践する――というのが理想形ですね」

子どもはもう成人して、社会人として働いています。住宅ローンもやっと完済できました。

50代半ばを迎えたFさんに不安はないのでしょうか。

「いやいや、不安はたくさんありますよ。いつからいくら年金をもらえるようになるか、変更されるかわかりませんしね。とにかく元気でいて、ずっと働きたいなと思っています。矛盾するようですけど、仕事をしたいわけではないんです。**正直に言うと、人に頼られたいという気持ちはあります**」

Fさんは、「相手から求められれば」という立場でいます。

「人の役に立ちたい、頼られる人間でありたいというのが一番正しい表現かもしれません。お金儲けのために、とは思わない。人に頼りにされて、自分のアクションによって貢献できて、それで対価をもらえるというのが理想かなと」

自分の得意だったフィールドが活躍の場になるかもしれません。

「就職する時にあった『旅行を産業として活性化したい』という思いを、今も持ち続けています。

日本が直面する少子高齢化は先進国が持つ課題でもあります。コロナ禍が去った中で、インバウンドはまた増えています。日本での成功例は世界でも通用するし、グローバル企業からもコンサルティングが求められるのではないかと考えています」

社会が今抱えている課題を科学的に分析したうえで解決策を提示できればとFさんは考えているのです。

「経験値や思いで経営や戦略を語る人は多いんですけど、数字で説明できる人は多くありません。自分がそういう人になれば、おのずと『頼られる』ことになるだろうと考えます」

30数年前、就職活動を始めたばかりのFさんは、体力とエネルギーにあふれた体育会所属の学生に過ぎませんでした。しかし旅行の仕事を始めてから、さまざまな経営者と出会い、学ぶことを覚えたのです。

学びは人を変える――資格獲得のための勉強、MBA取得のための2年間がFさんを支えていることは間違いありません。

「会社に入ってからは、同期メンバーの誰よりも勉強をしたという自負があります。もともとは特に本も読まない、勢い任せの大学生でしたけど。

子どもの頃、『社長になりたい』という夢はありました。でも、私が育ったところは本当に田舎で、情報自体がまったくなかった。

会社に入ってから経営者と接し、いろいろな話をすることで自分の知識のなさに気がつき、勉強することの大切さを痛感しました」

マイナスからのスタートだったから、Fさんは大きく飛躍することができたのです。

●間違っていなかった30数年前の決断

30数年前を振り返れば、多くの選択肢がありました。２００社以上に資料請求のはがきを送ったFさんなら、ほかの道もあったはずです。

Fさんはこう言います

「たとえば、『商社に行っておけばよかったな』とか考えたことはありません。**あの時に自分が下した選択はきっと間違っていなかった。**会社に勤務し続けて、家族とともに生きてきたことに対して、不満とか後悔のようなものはまったくない。むしろ、『これからどう生きるか』だけを考えています」

もし、何の資格も持たない50代半ばの会社員にこれからの生き方を相談されたなら、Fさんはどのようなアドバイスを送るのでしょうか。

「勉強しましょう――それしかない。『今から始めても遅い』という答えが戻ってくるかもしれないが、遅すぎることはない」

「やろうと決めた時にスタートにすればいいだけです。明日になって『昨日始めておけばよかった……』と後悔することになるかもしれない。いくつになっても、学び始めればいいんです。

私も50歳を過ぎてからプログラミングやシステムアーキテクトの資格を取得しました」

これまで学んでこなかった人にとって、スタートを切ることは簡単ではありません。何をすればいいのかわからないという人も多いはず。

「あなたが人に求められていること、相談されることは何ですか。そう聞きます。人に問いかけられて自分の中に答えがないのなら、それを学べばいい。『コミュニケーションに悩んでいる』と言われればそれを勉強する。人が相談してくることを深掘りしていけばいい。

どんな人にも、絶対に取り柄や強みはあると思う。もし人から相談されることがあるのなら、

それについて徹底的に勉強することをおすすめします」

自分の得意分野がすぐにお金につながるわけではないでしょう。ただ、学ぶことで別の何かが見つかる可能性もあります。

２０３０年にゴールを迎えるプロジェクトはありますが、いずれFさんにも会社を去る時が訪れます。

「**ずっと、求められる人でありたいと思います。**死ぬまでというのはおおげさですけど、それが今の目標ですね」

年齢を重ねることで失うものもあるでしょう。ただ、学びをやめなければ、知識も知恵も創造力も増えていくはずです。

誰かに求められるためには、ずっと学び続けなければなりません。

■社会人になってからの1週間あたりの勉強時間

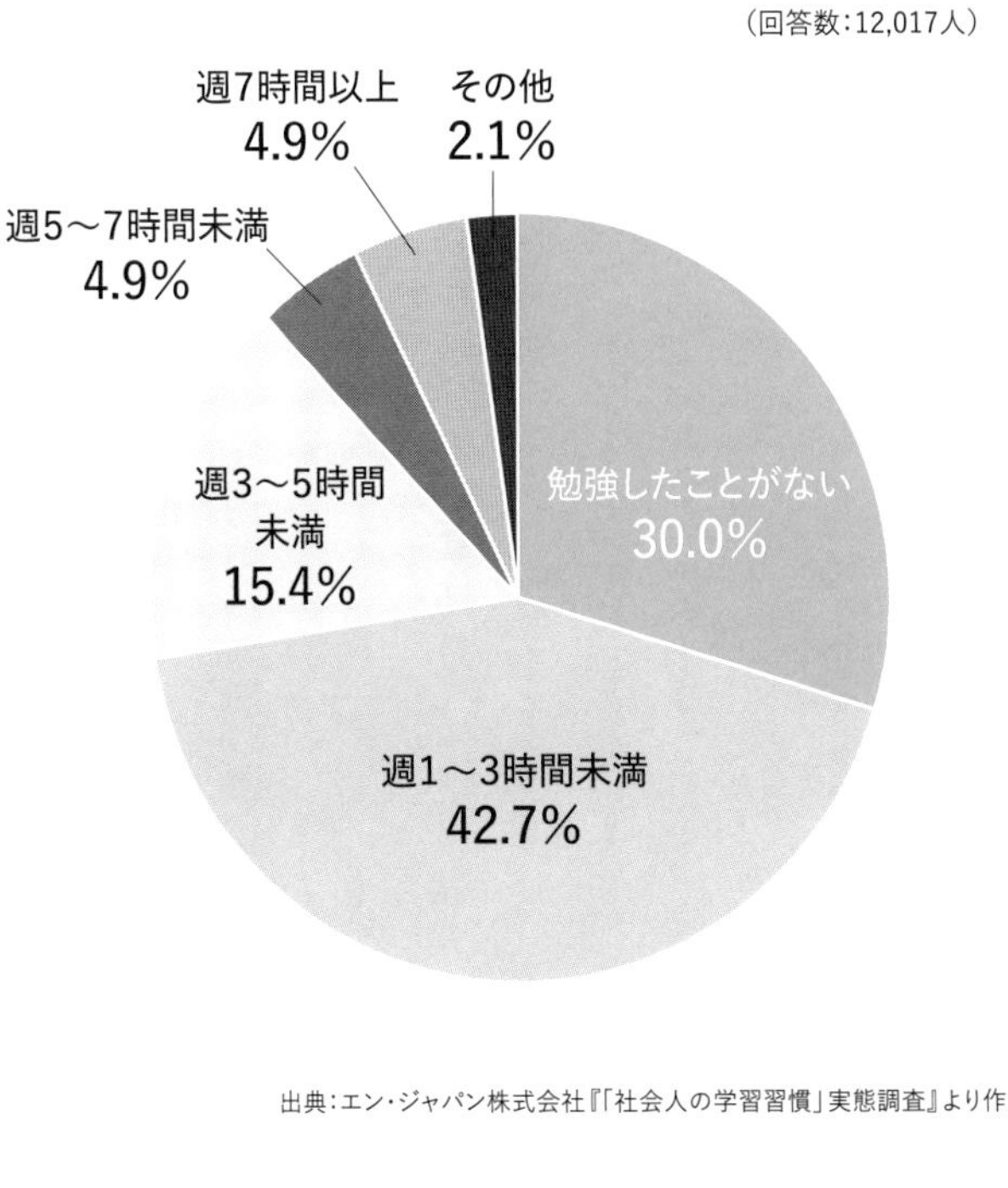

出典:エン・ジャパン株式会社『「社会人の学習習慣」実態調査』より作成

CASE 4

外資系企業社員の場合

留学で語学力を磨いてアメリカ有名企業を転々と

「24時間戦った」資金を持ってアメリカへ

日本のプロ野球で投手のタイトルを総なめにした野茂英雄がメジャーリーグに渡ったのが1995年のこと。どれだけ能力のあるスーパーマンでも、日本人が言葉の壁を乗り越えることが難しいと考えられていた頃です。

幼少時代に海外生活の経験がなく、日本の大学を卒業した大学生がアメリカ企業に就職することもまた同じように難しいことだと思われていました。

アメリカと日本では生活習慣が大きく異なります。ビジネスにおいては、英語力はもちろん、コミュニケーション能力も交渉力も必要になるでしょう。終身雇用が当たり前の日本で育った20代の若者が慣れない土地で過酷な生存競争を潜り抜けることができるとはとても思えませんでした。

しかし、東京都生まれで千葉県で育ったYさんは、不可能だと思われたことを実現したのです。

「進学校でも何でもない高校」を卒業したYさんは2年間浪人して、1986年に東京にある私立大学の文学部英米文学科に入学を果たしました。

Yさんは言います。

「大学時代には週刊誌の編集部に出入りしていて、そのまま出版業界に潜り込めればいいかなという感じで就職活動をした。結局、お堅い雑誌を出しているところから内定をもらって就職。でも、もう半年くらいで退職しちゃうんだよね。すぐに別の会社に中途社員として入ることになったから」

Yさんが転職した会社には数十万部を売り上げる音楽系の雑誌編集部があり、若手社員は文字通り、24時間働くことになりました。Yさんは言います。

「CMで『24時間戦えますか』というコピーがあったけど、『24時間しか戦えなくて、雑誌がつくれるか！』と嘯いていた」

「給料はいいし、使う暇はまったくなし。忙しかった分、貯金はどんどん増えた」

「**仕事が終わって会社を出るのは、早い日で夜中の1時か2時くらい。**そんな生活をずっと続けていた。仕事はむちゃくちゃ楽しかったけどね」

ある日、経理部に呼び出されたYさんはこう言われました。

「あんた、お給料がいくらあっても使っちゃうでしょう。財形貯蓄にしておけば安心だから」

そのアドバイスを素直に聞いたYさんの銀行通帳の数字は、知らないうちにどんどん増えていきました。

そのお金はのちに、Yさんのアメリカ留学資金になります。

美女がそろった飲み会で出席者にアメリカ留学の経験を自慢されたことがきっかけで、Yさんは決意をしました。

「よーし、俺だって大学で英語を勉強してきたんだから、アメリカに行くぞ」

ニューヨークの大学院に入学したYさんはそのままアメリカ企業で就職しました。20代後半のことです。

「お酒を飲むとよくこの話になるんだけど、付き合った人の出身国に色を塗ったら、かなり賑やかな感じになるよ。『アイ・ラブ・ユー』を7カ国語で言えるっていうのがお決まりのネタで」とYさんは笑います。

このエピソードだけでも、Yさんがどれだけ日本人離れしているか、人の懐に入っていくのがうまいのかわかっていただけるでしょう。

「俺はニューヨークに行ってから、日本人とは一切しゃべらなかった。**自分の金で行っているから、ムダにするわけにはいかない。**親の金を使ってやってきた10代の子じゃないんだから。そんなのを相手にしている場合じゃなかった」

●外資系企業の社員として凱旋帰国

大学時代に英米文学科で学んだYさんですが、大学院で課された課題が厳しかったことは容易に想像できます。どれだけの時間を勉強に費やしたのか、本人は多くを語りません。しかし、そのままアメリカで働くことになるのですから、Yさんの努力は相当なものであったでしょう。

「アメリカで何社も勤めたけど、一度もTOEFLとかTOEICのスコアを出せと言われたことはない。大事なのは、英単語をいくつ知ってるかとか文法がうんぬんとかじゃないんだよね」

ニューヨークの大学院を卒業後、ベルリッツで契約社員に。その後、フリーライターを経て、CNNで働くことになりました。

「大学院の専攻がジャーナリズムだったこともあって、うまい具合にCNNに引っかかって、記者職、ディレクターとして勤務した。だけど、CNNの広告収入が少なくなったところで就職活動をしたらマイクロソフトで働くことに」

同時期に、日本経済新聞社のニューヨーク支局で翻訳を任されるという話もありましたが、Yさんは日本企業ではなくマイクロソフトを選んだのです。

「何年かあちらに住んでいたので、アメリカにかぶれてたからね（笑）。MSN（The Microsoft Network：マイクロソフト社が運営していたポータルサイト）のプロデューサーとしてニュースをつくっていた。

その後日本に戻ることになって、マイクロソフトMSN事業部でニュースプロデューサーとかをやっていた」

Yさんは、日本人メジャーリーガーが帰国する時のように、凱旋帰国を果たすことになったのです。

「ある新聞社とマイクロソフトが連携するというプロジェクトに関わり、その後、スポーツ新聞とくっつけるという作業をした。そこで日本の大手広告代理店に目をつけられて、そのグループ会社に転職することになったんだよね」

40歳で華麗なる転身を果たし、MLB公式サイト、東京マラソンの立ち上げなどビッグプロジェクトに携わることになりました。

大学を卒業したのが24歳。日本の出版社からニューヨークの大学院を経て、アメリカ企業を渡り歩いたあと、日本に腰を落ち着けたYさんでした。

「どういうわけか長くその会社にいて、いろいろな仕事をやらされたよね。好きな会社じゃなかったけど、一番長く働いたなあ（笑）」

Yさんはしみじみそう言います。

自分のバリューを測らないといけない時代

そんなYさんも50代になり、会社員としてのゴールを意識する年齢になりました。

「2017年、51歳の年にヘッドハンターに誘われて、スポーツ事業を立ち上げるというある会社に移った。日本で開催される、国際的なスポーツイベントのスポンサー企業でもあったので」

大手広告代理店の上司に退社の意志を告げたところ、Yさんは飲みに誘われました。とても関係性が良好だとは言えなかった上司とは、それまでランチをともにしたこともありません。

その席で上司はこう言いました。

「おまえはいいよなあ。英語もしゃべれてITのこともわかってて」

「手に職があるやつは本当にいいよ。俺なんか、このまま会社にしがみつくしかないんだよなあ……」

「俺ももっと若いうちからいろいろなことにチャレンジしておくべきだったな……。まあ、今さら何ができるんだって感じだよな」

Yさんはそのまま、何時間も愚痴を聞かされる羽目になりました。

「その上司は当時、56歳か57歳くらいだったはず。彼なりに危機感はあったんだろうね」

現在その時の上司と同年代になったYさんは、彼の気持ちがよくわかると言います。

「サラリーマンの悲哀みたいのを感じるよね。昔だったら、ずっと同じ企業に勤めて、年を取っても肩を叩かれることなく大事にされて、60歳で定年になったらがっぽり退職金をもらって悠々自適みたいな話だったんだろうけどね。

今の時代は、優秀な人はさっさと転職していって、『あの人は大丈夫か』と心配になるような人がしがみつく感じになっちゃって」

Yさんは大手企業でエリートと言われる会社員と働いた経験から、「これからのサラリーマンは本当に危ない」と言います。

「年齢に関係なく**常に転職市場を意識して、自分のバリューを測らないといけない時代にな**

ってきたよね。

40歳過ぎて会社が嫌になった時に、みんな、どうしていいのかわからなくなる。一流企業に勤めていると、どんどん給料が上がっていくから、マーケットバリューと自分の給料が乖離してしまう。だから、転職が難しくなるんだよね」

会社から「もういりません」と言われても、どこにも行き先がないという悲劇が待っているのです。

自身の経験を武器にキャリアアップを続けたYさんですが、転職のタイミングはどのようにはかっていたのでしょうか。

「自分としては、プロ野球選手のフリーエージェントのように、**いつでも転職できるように準備をしていたね。**そのうちに『この会社は、このままだと危ないぞ』というのがわかるようになった」

Yさんは自身の嗅覚を信じて、そのタイミングを判断してきたのです。

「会社が『経費削減！』と騒ぎ始めると『もうダメだな』と思ってしまう。これが転職のタイミング」

「転職のきっかけとなるのは、会社が躍起になって経費削減と言い出す時。その瞬間、『危ないぞ』と思う。経費削減を叫ぶというのは、それまでにムダがあったということなんだけど、それを削減したら問題が解決するかというと必ずしもそうじゃないと思うんだよね。経費を減らせば一瞬は黒字になるかもしれないけど、事業の燃料を減らすことにつながる可能性もある」

状況を改善するために経費削減以外の方法があればいいのですが、コストカットだけでは先細りになるとYさんは言います。

「事業を回して売上を上げるためにガソリンを注入する必要があるのに、『もうないよ……』と言われているようで。

『経費削減』という言葉が出ると、転職の見極め時だと考えたほうがいい。これまでの経験上、きっと正しい」

もちろん、ムダな経費は減らすべきですが、それが大目標になってしまっては本末転倒です……。

「適正管理をすることは重要だけどね。もうひとつは、お金まわりをしっかり見ている人が左遷されたり、退社したりするともうアウト」

仕事を通じて自分の能力を磨く

長くアメリカ企業で働いたYさんですが、日本スタイルを否定するわけではありません。もちろん、長所も数多くあると感じています。

「昔の日本の会社は新入社員研修をやって、ある程度年数が経ったらマネジャー研修をやった。会社がステップアップのチャンスをつくってくれていたんですよ。経営者が人材育成の責任を負っていたとでも言うのかな。

でも今は、ほとんどの会社に体力がなくなって、『もう、自分でやってね』という感じになってしまった」

だから、同じキャリアを持つ社員の間で差が生まれてしまったのです。

「昔は多くの会社で3年か5年で部署異動させるというシステムがあった。今振り返ると、あれはリスキリングなんだと思う。部署が変われば当然、やることが大きく変わる。**できることを増やして、みんな、次のステップに進んでいった。**

『この仕事は俺に合わないから』と学ばない人間には、スキルが身につかない。だから、『俺、営業しかできないんです』みたい人が生まれてしまう」

ひと昔前は会社がリスキリングの機会を与えてくれていましたが、いくら過去を懐かしんでも昔の日本にはもう戻れません。

「事業が拡大している時には、ポストが増えていった。全国に次々と支店ができたりしてね。だけど、縮小、縮小の世の中になってから、ポストが減って出世できなくなる。**『○○しかできない』という人間は居場所がなくなってしまう**」

Yさんは「同じ会社でも個人差が大きい」と言います。この時代でも活躍できる人の条件は何でしょうか。

「たとえば、大手広告代理店でも、仕事ができるのはひと握りだって言うじゃない？　あれは本当のことだよ。局長より上の人はおしなべて優秀。会話をしていても理解が早いし、判断力もある。

サラリーマンとして日常の仕事に忙殺されているように見えて、優秀な人たちはその仕事を通じて自分の能力に磨きをかけているんだと思う」

Yさんが長く過ごしたアメリカの企業の場合は、人材活用のシステムが日本とはまったく違います。

「アメリカには新卒の一括採用なんてものは一切ない。大学で勉強しながら、企業でインターンをするのが一般的で、就職したあとは転職することによって自分自身の選択でキャリアアップしていくわけ」

「キャリアアップするためにはスキルを身につけないといけない。だから、みんな、必死ですよ」

外資系企業で鍛えられた経験がそのあとに生きたとYさんは言います。

「マイクロソフトみたいに厳しい会社は、成績が右肩上がりじゃないと、本当にすぐに肩を叩かれてしまう。そうならないためにどうするかと考えて、企画書ひとつでも一生懸命に頑張って書く。日本の広告代理店に移ってから、企画書がWｏｒｄで驚いた（笑）。こっちは、パワーポイントでつくって、グラフを載せて、アニメーションつけて……と相手に伝わりやすくなるようにいろいろ工夫していたから。

日本に戻ってから、**人に指示されたことだけをやっている人は学ばないんだなとつくづく思った。**『やれ』と言われたことはやるけど、それだけ。自発的に『それを知りたい』とはならないみたい。

ラーニング（学ぶこと）を積み重ねる人間は、知識を吸収した分だけ賢くなれるはずなんだけどね」

●明日からでも実践できる方法

Yさんの経験談に戻りましょう。

「俺には金はないけど、経験だけは売るほどある（笑）。広告代理店では、担当や経験した人のいない仕事は全部こちらに回ってきた。この環境に入ったからには仕方がないと思ったし、『できない』とは絶対に言いたくない。ポンポンと放り投げられる仕事を全部やりました。どうにかして、その対処法を考えながら」

2007年に初めて開催された東京マラソンでは、Yさんは広報ディレクターをつとめました。

「もともとはメディアの人間のはずなんだけど、会社にいる誰にも経験がないから、引き受けざるをえなかった。この時に、攻めの広報と守りの広報の両方のスキルを身につけることができたね」

攻めの広報として、大会の主旨や意義を広く知らしめ、外国まで出かけて出場者を募ったこともありました。守りの広報としては、ランナーの健康状態をはじめとするトラブル情報の管理・発信を任されました。

「メディア出身なので、テレビや新聞の人たちが欲しがる情報についてはよくわかっていた。あの時に大変だったのは、ランナーのうち3人が心肺停止になったこと。幸いなことに、近くに設置されたAEDによって大事には至らなかったけど、危機管理についてもいろいろと学んだよ」

こうして、**ひとつひとつの仕事を通じてYさんは武器を増やしていったのです。**まるで、ロールプレイングゲームの主人公のように。

Yさんの体験談を聞いて「自分にはとてもマネできない」と思った人は多いでしょう。簡単にできることではありません。

英語での日常会話もままならない身としては、憧れるどころか、絶望を感じてしまうかもしれません。

アメリカで磨いた英語力がYさんの活躍のベースになっているのは間違いありませんが、それ以上に注目すべきところがあります。

これなら、明日からでも実践することができるはずです。

Yさんは言います。

「自分の武器として考えられるものは英語力、文章力、もしかしたら交渉力もあるかもしれない。だけど、自分で一番だと感じるのが〝知りたがり〟だということ」

好奇心が、Yさんを支えているのです。

知らないことは調べてみる。やったことのないことを自分で試してみる

これなら誰にもできるでしょう。

「AIがこの世に出現した時には、お酒を飲みながらずっとチャットしていたね。『へぇ〜、こうなってるのか』『これはどうだろう？』と自分で実際に試してみる。仕事とはまったく関係なく、そうしていた。

AIを使って原稿を書いてみたらどうなるんだろうかと考えながら、あれこれやってみて、『まだまだだな』『ここが改善されたらいけるかも』と思う」

バーチャル空間について話題に挙がれば、そこにも首を突っ込みました。還暦近い50代男性にとって、YouTubeもTikTokも縁遠いように思いますが……。

「どちらもよく利用しているよ。おっさんが撮ってもしょうがないから撮影はしてないけど、『TikTokってこうなっているんだな』というのを見る。イヌやネコが好きだから、コンテン

ツを眺めてみる。しばらくすると、動物ばかりになってるけど、アルゴリズムがよく理解できる（笑）。

Facebookは日常的に使って情報発信をしているし、ちょっと前に流行ったClubhouseも実際にやってみた。基本的に、新しい動きがあれば触らないわけにはいかない。そういう性分なんで」

すぐに仕事につながらなくても、新しいものに触れて気づくことがあります。

「ある編集部から、『NFT（Non─Fungible Token：非代替性トークン）の記者会見に出て記事を書いてください』と突然言われて。困ったんだけど、『そんなに詳しくない』と言っても『それで大丈夫だからお願いします』と言われて記事を書いたことがある。

自分でも気にはなっていたので調べてはいて、基本的な知識はあるから、そこから深掘りして記者会見に臨んだよ」

新しいことに専門家は少ない。そこで重宝されるのが〝知りたがり〟の人です。

「相手の人に『ちゃんと勉強してますね』と感心されたんだけど、自分としてはそんなにたいしたことはなくて。事前に最低限の知識を入れていたことが役に立ったのかな」

未知のことにしっかり向き合うことで新しい可能性が見えてきます。

「おそらく、子どもの頃からこんな感じで生きてきたんだと思う。自分のまわりに頭のいい人はたくさんいて、自分が賢いなんて感じたことは1ミリもない」

「ただ、みんなが知らないことに対して いち早く興味を持つタイプだったということは間違いない」

「1970年代にスケートボードを持ってる友達なんかほとんどいなかった。そいつがせっかく買ってもらったスケボーに乗る勇気がないから『ちょっと俺にやらせてみ?』と言ったことがある。

もちろんすぐにこけて頭を打ってみんなに笑われたんだけど。そういうタイプだった。今でもあまり変わっていないかもしれないね」

2023年で58歳になったYさんは、また転職を決意しました。

今度はスポーツデータを扱う企業の副社長に就任することになります。

「いったい何社目になるのか、自分でももうわからない（笑）。

58歳で転職できるんだから幸せだよね。

まあ、単に運がいいだけかもしれないけど……」

Yさんがこの先どのような人生を送るのか、誰にもわかりません。

あの時、アメリカに渡る決断をしなければ今のYさんはいない――それだけはきっと、間違いありません。

CASE 5

大学教授の場合

商社からドロップアウト、イギリス留学を経て大学教授に

●ドラフト1位ではない新人の配属先

「僕が伊藤忠商事に就職を決めたのは、ネームバリュー、知名度。自分に向いているかどうかなんて、関係なかった」と第1章で語った早稲田大学OBのMさん――上久保誠人さんは入社後すぐに、商社の仕事にまったく適性がないことに気づきました。

上久保さんは苦笑いしながらこう言います。

「うちの両親ふたりが教師だったこともあって、会社とはどういう組織なのか、商売自体が何なのかをまったく理解できていませんでした」

手探りで社会人としてのスタートを切りました。

「会社には当然派閥らしきものがあるのですが、それがどういうものなのかもよくわかっていませんでした」

上久保さんは1カ月の新入社員研修を終えて、国内鉄鋼という部署に配属となりました。

「はじめに配属されたところが、『そこに入った時点で絶対に社長になれない』という部署でした。ほかの新人たちが『必ず一度は海外を経験させる』と言われているのに『おまえは一生、海外駐在はない』と聞かされて」

いきなり、期待されて入社する「ドラフト1位」ではないと思い知らされたのです。

「地縁も血縁もない。早稲田を出ているとはいっても、そんな人は山ほどいます。もちろん、新人の希望が通るわけではないとは思いながら、釈然としないスタートになりました」

上久保さんが入社した1991年当時は、**新人として配属された部署でずっと勤めるというのが一般的でした。**はじめの配属で「その後」が決まるといっても過言ではありません。

「鉄鋼にも、国内鉄鋼と鉄鋼貿易という部署があって、僕が入社した時には交流がありませんでした。6年目くらいに僕が国内から輸出の部署へ異動になったんですけど、それが史上初だったそうです」

入社1年目には所属部署が社内表彰を受ける経験もした上久保さんでしたが、幸せな日々は長く続きません。

上久保さんは言います。

「会社の知名度と華やかさで入社を決めたことが僕にとっては最大の失敗でした」

「商社に勤める人間は本当にお金が好きで、伝票の数字のゼロが増えることを喜ぶ。それを喜べない人間はここではやっていけないと僕はすぐに思いました。彼らが重視するのは『儲け』です。儲けしかない。僕にはその部分が欠けていました」

もちろん、全員が全員、そうではありません。

「同期会には『辞め忠』といって中途退社した人間の枠があって、同期の仲間に会うことがあるんですけど、本当にいいやつばかりなんです（笑）。数年前に出席した時には、みんな大変そうで、課長がひとり、取締役がひとり。心の病を抱えた人が何人かいて……」

●残業時間は月185時間。毎日パワハラが続く

30年以上前の商社には、今よりもはるかに厳しい上下関係がありました。現状のルールにあてはめれば、ほとんどが一発アウト……。

「僕がつらかったのは人間関係でしたね。完全なパワーハラスメントばかり。上司が部下を鍛えるという名目のもとで、とんでもないことが日々行われていました。僕も、重箱の隅をつつかれてネチネチと責められましたね。上司に愛情があったのかもしれませんが、僕にはとても耐えられませんでした」

それでなくても、業務は深夜を過ぎても終わりません。

「深夜残業中に電話を受けた同期が先輩から新宿・歌舞伎町に呼び出されて、先輩の車に乗って家まで送り届けるという役目をしていました。そういう理不尽なことも多かった。

僕も毎日深夜残業をして、タクシーで課長代理を家まで送り、寮のある横浜まで帰る。遠回りすることになるので金額がかさむことになりますが、1カ月で30万円近くは立て替えたはずですよ」

ある月の残業時間は185時間で、それでも社内で4位。まだ、上には上がいました。

「180時間を超える残業時間というのは、週5日働くとして月に20日ですから、1日9時間×20日という計算になります。毎日、深夜の2時まで働く。まあ、土日の出勤もあるから毎日2時までということはないけど、それくらいひどい状況です。こんなことを言ったらダメだけど、おかげで根性はつきました」

それでも退職や転職は考えませんでした。

「まったく先は見えませんでした。上司には『辞めてもいいことなんか、ひとつもないから』と、よく言われていました。意地だけで働き続けていたようなものです」

しかし、上久保さんの心が何かでいっぱいになってしまいました。これ以上、仕事は続けられない……。

「会社を辞めると決めた時自分はもう人間ではないような感じだった」

「当時、会社を辞める若手はほとんどいませんでした。もちろん、給料はいいし、会社の知名度もある。でも、働き続けることができませんでした」

上久保さんは進路を決めることなく、退職届を出しました。文字通り、ドロップアウトしてしまったのです。

「同じ職場の人にも、同期にもそう思われていたでしょう。『こいつは、辞めてどうするんだろう……』という目で見られました。でも、あの時に誰が友人なのかははっきりとわかりました。同期は意外と温かかったですよ」

上久保さんが30歳の時のことです。

「その前に社内異動の可能性を探ってもらったのですが、上司と折り合いの悪い人間を受け入れてくれる部署はなかった。管理部門も含めて、行けるところがない状態で、そのまま追い出されるように退社することになりました」

上久保さんには大学院に進みたいという希望はありましたが、受験してもあえなく不合格。1年間は闇の中にいました。

早稲田大学出身で、有名商社での勤務経験あり。そう考えれば転職の話もありそうですが、業界の事情が障害になりました。

「同じ業界の別の会社に転職しようとしても、門前払いです。関連会社であっても、難しい。そういう狭い業界でもありました。元の上司からは『大学院に行くって辞めたんじゃないのか』と批判もされました」

『ノストラダムスの大予言』で人類が滅亡すると言われた1999年7月、上久保さんは不幸のどん底にいました。

「ほかの人は楽しそうに暮らしていましたが、僕の上だけに恐怖の大王が降りてきたんです」

商社時代に貯まっていた金で生活することはできましたが、上久保さんには不安しかありませんでした。

一発逆転を狙ってイギリスへ

ここで、上久保さんは思い切った策に出ます。協力者は故郷に住む父親でした。

「あれは、教員だった父親の退職の年でした。親の退職金でイギリスに留学しようと思い立ったのです。ある国会議員に推薦状を書いてもらい、親に金を出してもらって1年間留学しようという魂胆でした。情けない話で、末代までの恥ですよ、本当に」

救いは上久保さんの父親の言葉でした。それを心に刻んで、イギリスへと旅立ちました。

「うちの父親は理解してくれて、『おまえがどうなろうと、地獄まで付き合う』と言ってくれました。そうして退職金を差し出してくれました」

上久保さんには学びたいという思いがありました。

「商社時代に親しかった同期で、ロンドンに留学してビジネスを始めたという、当時では珍しい男がいました。そういう姿も見ていたのでイギリスに行こうかと。日本国内の大学院も調べてみたんですが、『ここ』というところがなくて」

有名商社をドロップアウトした人間が一発勝負をかけるのならば外国に行くしかない——そういう思いでした。

「野球にたとえるならば、前半戦で大量失点してコールド負け寸前みたいな状況でした。そこでセンター前ヒットを打っても状況は変わらない。ホームランを狙うしかないでしょう。イギリスで勝負するしかないと考えました」

父親が30数年の教員人生を送った対価として得た退職金を元手に、上久保さんは海を渡りました。

「大学院に入るのは、日本と比べれば簡単です。国際文化交流機関であるブリティッシュ・

カウンシルに相談して、語学の試験を受けました。点数が足りなかったんですけど、『入学前にイギリスで語学学校に行く』という条件付きでウォーリック大学の大学院に入れることになりました」

幸運なことに、この国立総合大学の大学院に入るための筆記試験はありませんでした。留学生の実力をレポートで試そうという方針からでした。

3カ月、現地の語学学校に通ったものの、肝心の英語力は上がっていきません。

「はじめはひどいものでしたね。3カ月頑張ったけど、なかなか英語は話せなかった。『コンディショナルオファー（条件付き入学）』というんですけど、条件付きでなんとかしのぎました」

●一日18時間勉強しても耐えられるのが強み

大学院に入って最初の授業のことを今でもはっきりと覚えています。

「のちに私の博士課程での指導教官になる、イタリア人のローザという先生の授業がありました。そこには10人ほどの学生がいて、僕以外は全員がイギリス人。普通に話しているんですけど、僕には何を言っているのかまったくわからない。

30分くらい経ってからローザがこちらを見て、『I want to listen to your voice』とひと言。『あなたの声が聞きたい』と言われたのですが、何も言えませんでした。僕は悔しくて、自分の部屋に戻ってから泣きました」

それから上久保さんはみんなに追いつこうと必死に勉強に打ち込みました。3カ月後、やっとローザに「大丈夫。上達してるよ」と言われたのです。

留学1年目、上久保さんの一日のスケジュールはこうです。

朝6時、商社時代と同じ時間に起床。

7時から図書館で勉強したあと授業に出る。

授業が終わったら、また図書館へ。

夜の12時に図書館を出て自分の部屋に戻る。

「このスケジュールを毎日続けました。12時30分に就寝しても、5時間半は睡眠時間を確保できます。3時間しか寝る時間がなかった商社時代に比べれば、なんて楽なことか。人間関係のストレスもありませんし」

18時間近く勉強することに、上久保さんは何の苦痛も感じませんでした。

上久保さんは言います。

「僕はあまり英語もできないし頭がいいわけじゃない。だけど、ずっと勉強することができる」

「寮にいる人たちは夕方の6時くらいにワインを開けて12時くらいまで飲んでいる。毎日、どんちゃん騒ぎです。僕は2日ほど付き合いましたが、それでやめました。1日18時間勉強しても耐えられるのが自分のアドバンテージだとわかりました。イギリス人や留学生は英語ができるけど、授業の準備をしないから点数が悪い」

ただでさえ物価が高いと言われるイギリスでは、相当な生活費がかかりました。

「1ポンドが150円から250円に上がったために、ロンドンの地下鉄の初乗り料金が1000円。コーヒー一杯が700円、たばこが1800円みたいな感じでした。ウォーリック大学があるところは少し田舎だったので、ロンドンなどの都会と比べればまだそれほどではありませんでしたが」

父親に感謝しながら、留学生活を続けました。

1年間、大学院で学んでから日本に戻るつもりだった上久保さんに転機が訪れます。

「学部長がカフェでビールを飲んでいるのを見つけて『僕は博士課程、行けますか?』と聞いてみたら『ウェルカム!』という返事がきました。それを真に受けて、そのまま残ることにしました」

イギリス人がその人の可能性を否定しないと上久保さんが知るのは少し先のことでした。彼らからすれば、「できるかどうかは、あなたの頑張り次第」ということになります。学部長の「ウェルカム!」という言葉は何かを保証するものではなかったのですが、上久保さんはその言葉に背中を押されたのです。

「内部進学という形で、博士課程に進みました。もしかしたら、少し下駄を履かせてくれたのかもしれない。研究テーマを決めることなく、その段階では、僕自身の学者としての目標はまだあやふやでしたね」

とにかく、上久保さんは博士を目指して走り出したのです。

上久保さんは言います。

「32歳になって就職先を探すのは難しい。僕が生きていくためにはこの道しかない。ある意味、命がけでした」

「今振り返れば、いいかげんなスタートでしたが、もう一般企業で働くことは難しい。アカデミックの世界しか考えられなかった」

1年目に修士号を取った上久保さんは、6年かけて博士になりました。日本に帰国したのは2007年7月。失意の底にいたあの頃から10年近くが経っていました。

●誰もやらない就職活動で働き場所を確保

博士号を持ってはいましたが、無職であることに変わりはありません。
日本国内に後ろ盾のない上久保さんは他人がやらない形で就職活動を始めました。
上久保さんは当時をこう振り返ります。

「まったくコネクションがないから誰にも気兼ねすることなく自由に動くことができました」

「ものすごく荒っぽいやり方ですが、全国の大学にいる主要な政治学者にメールを送ったんです。大学はコネクションの社会なので、こんなことは誰もしません。やっぱり、推薦がないと難しい世界ですから」

立教大学で非常勤講師として授業を持つことができ、その後、早稲田大学の天児慧先生の目に留まり、グローバルCOEという期間限定の研究員になりました。

「給料は月10万円程度でしたが、1年後に客員助教になれました。その間に早稲田大学の国際教養学部に英語で行う日本政治の授業をつくりました。

その後、立命館大学から連絡がきて任期制准教授になり、ここでは新しい英語のコースづくりに携わることになりました」

早稲田大学で行った英語での授業という、ほかの人にはない上久保さんの経歴が認められたのです。

「できる人がいないから、人が足りないからという理由だったんですが、それまでになかった英語の授業をつくったという実績が評価された形ですね。早稲田でやっていなければ、その後はなかったかもしれない」

2013年、上久保さんは晴れて専任教員になりました。その時、45歳。

「サラリー的には、立命館に行くまでは厳しかったですね。もちろん、商社時代には届きません。立命館に来てからは死ぬほど働きましたよ（笑）。僕は他の先生が嫌がる仕事でも何でもやりました。商社時代にかなり失敗をして、何となくツボがわかるようになっていました。それぞれの先生が求めることも、物事を進める時のやり方も。商社時代に比べれば難しいとは思いませんでした」

上久保さんは専任准教授になって3年で、政策科学部の教授に就任しました。2022年8月には『朝まで生テレビ！』（テレビ朝日系列）に出演し、さまざまな分野の論客たちと「国葬と政治不信」について丁々発止のやり取りを見せました。『ダイヤモンド・オンライン』（ダイヤモンド社）などにも定期的に記事を書いています。

「メディアでの発信や対応など、同世代の政治学者と比べて突出した部分があると自負しています。**人がやらないことをやっていますから**」

定年退職が65歳、残された時間は10年しかありません。

上久保さんは言います。

「私は凡人です。偶然の出会いとか出来事の繰り返しのおかげでこうして学生の前に立っている」

「これまで、親をはじめ、いろいろな人に迷惑をかけてきた人生です。まともな人生じゃないと思っています。学生たちには、自分を反面教師として、経験したことを隠さずに話しています。

立命館の学生のポテンシャルは僕なんかより高いと感じています。だから、若い学生を見ていると、もっとわがままでもいいんじゃないか、自分の志を持っていいんじゃないかと思いますね」

●最悪の失敗から始まったもうひとつの人生

もし時計を巻き戻して大学生になり、また就職活動をするとしたら、上久保さんは何を目指すのでしょうか。

「本当に難しいですね。商社の仕事が自分に合っていないとわかっているけど、日本にいて知名度のある会社を目指さないということはない。そういう会社に入って、『何になるか？』が一番重要ですよね。高校3年くらいに戻って考えないといけない。

もしやり直せるのなら、今度は出世できるようにうまくやれるはず。いや、2回目でも無理かもしれない（笑）。

どうしても、その人の人間性、向き・不向きがありますからね。**大学時代に学問の面白さを教えてくれる人がいたら、もっと早くアカデミックの世界に入っていたかもしれません。**残念なことに、ひとりもいませんでした」

上久保さんは、人生のターニングポイントは30歳で「商社を辞めるか、辞めないか」だったと言います。

40代前半の年収が高い商社ランキング

順位	社名	平均年収	平均年齢
1位	伊藤忠商事	1579.8万円	42.2歳
2位	三菱商事	1558.9万円	42.8歳
3位	三井物産	1549.1万円	42.1歳
4位	丸紅	1469.3万円	42.3歳

引用:株式会社ダイヤモンド社「年収が高い会社ランキング2022」

大学の教職員の平均年収

[東京大学の教職員の平均年収]

役職	平均年収	平均年齢
教授	1172.1万円	56.2歳
准教授	934.7万円	46.2歳
講師	838.3万円	42.8歳

[私立大学の平均年収]

役職	平均年収
教授	1087.5万円
准教授	857.6万円
講師	740.5万円

出典:文部科学省『賃金構造基本統計調査』より作成

「僕は、商社を辞める時に『もう人間じゃない』とまで言われた。その失敗から僕の人生は始まっています。学生たちには、『この男は、30歳で会社を辞めるという最悪の失敗をして、それが幸いしたからここに立っている』と自分の話をします。この言葉をどう解釈するかは、学生次第。大失敗が、のちのち、いい方向に向かうきっかけになることもあるといつも伝えています」

今の時代も就職活動でうまくいかずに悩む学生も、就職したあとで進路に迷う教え子も数多くいます。

「世の中、何が幸いするかはわかりません。もし22歳で大学を卒業する時に大学院に進んだとしても、政治学者にも、大学の教授にもなれなかったかもしれない」

もしあのまま大企業に居続けられたとしたら、生涯で得られた年収は今より多かったでしょう。

「いくらくらいなんだろう。想像もつきません。今の僕よりももらっていることは間違いない。まあ、僕はその会社で8年しか生き残れなかったんだけど（笑）。

まだ会社にいる同期に聞くと、昔22の部署があったとして、今は21の部署が以前と違うものを売っているそうです。会社は残っていても、中身はずいぶんと変わっている」

逆に言えば、変わっていったから生き残っているのかもしれません。

バブル時代の就活がなければ今の自分はない

大学生を教え、ゼミ生を鍛える過程で、日本社会に残るさまざまな問題について考えることがあります。

「日本のシステムややり方に限界がきているのは間違いない。じわじわと変わってはいるんだけど、結局は安定している。それが日本という社会なのかもしれませんね。自然に変わることを待つほうがいいのかもしれない。破綻したり、革命が起きたりすれば劇的に変化することになるんでしょうけど、それは日本ではないように思います」

上久保さんは自身の決断についてどう思うのでしょうか。

「日本を飛び出したように見えるし、批判もしますけど、日本のシステムとか社会の特性を利用したところもあります。僕は意外と、したたかなのかもしれません。

たとえば、**はじめに入った会社の名前は今でも効きます。**僕が頼んだわけではないけど『朝まで生テレビ！』に出演した時には『元伊藤忠商事』とテロップが出ました。その企業名を使うメリットがあると考える人がいるんです」

プロフィールに新卒で入った会社の名前が書かれることは、日本以外の国では珍しいといいます。

「能力のない人間が大企業でのうのうと生きられるケースは少なくなりました。それは、ほかの国で普通にある競争が日本でもやっと行われるようになったから」

〝バブル入社組〟のひとりである上久保さんはこう続けます。

「もし本当に〝バブル入社組〟が幸運であったとすれば その使命を果たすべきだと思う」

「就活に関して、僕たちがラッキーだったのは事実です。通常であれば、2ランクぐらい下の会社に就職することになったはず。そうであれば、多分、今の自分はないですよ。**大企業、人気企業に入ったというプライドもあったし、能力とは違う、空気のようなもので伸びる機**

会をもらえたことは間違いない」

社会人としての寿命は尽きかけていますが、〝バブル入社組〟には〝バブル入社組〟の矜持があるはずです。

それを見せる時間は少なくなっていますが、まだたしかに残っています。

第4章のポイント

士業の利点は1000万円なら1000万円
400万円なら400万円の働き方を選べること

転職の有無にかかわらず会社にいる時の思考は
「会社の看板がなくてもやっていけるか」

学び直すことで常に新しい何かが見える
「今から始めても遅い」が遅すぎることはない

企業はもう「自分のことは自分でやって」の状態
常に自分のバリューを測っておく時代

所属した会社の名前が助けてくれることもある
その企業名・仕事は大切な財産になる

第5章

バブル組、就活の決算と新しい働き方

～時代が変わっても生き残る方法～

●〝バブル入社組〟が過ごした30年

前章では、５人の〝バブル入社組〟の30年にも及ぶその人生を、本人の証言を基に振り返りました。全員に共通しているのは〝バブル〟のおかげで自分の実力よりも高いレベルの会社に入れたことを幸運だと感じているところです。

荒波に揉まれた日本経済と同様、どの業界も、どの会社も厳しい状況の中で悪戦苦闘しながら、なんとか生きのびてきました。入社した当時に思い描いたものとは違う形になったかもしれませんが、それぞれが必死に戦ってきたことに間違いありません。

問題なのは、〝バブル入社組〟がまだ安息の日々を送ることができないということです。

家族のために、自分のために、会社のために、社会のために、そして生活を維持するために働き続ける必要があります。

本当の意味で、〝バブル入社組〟の就活の決算書を書きあげるまでにはもう少し時間がかかるでしょう。

23歳で入社したベンチャー企業で総務、経理など管理部門を任されたTさんは、15年以上の会社員生活で「僕はただ仕事をしたいだけなのに、いろいろと余計なものがついてくる。もう組織に中にいるのはいいや……」という思いを抱くようになりました。38歳で会社を辞め、法律家になることを目指して法科大学院に通い始めました。行政書士になったのは44歳の時。稼ぐのはこれから、69歳までは現役を続けるつもりだと言います。

来年、メガバンク勤続35年を迎えるBさんの会社員人生を支えてくれたのは、30歳手前で配属されたベンチャー投資の仕事でした。「こんなに面白い仕事があったのか！」と驚いたBさんはその道ひと筋に進み、スペシャリストとして重宝される存在になりました。通常の銀行業務に戻ることなく、ベンチャー投資の仕事を続けるという選択が功を奏しました。

旅行代理店で多忙な日々を送りながら30代後半でMBA取得のための勉強を始めたFさんは、社会人大学院で得た知識を最後に任されたプロジェクトに生かそうと考えています。30代で抱いた「会社を変える」という野望を実現させるために。

58歳にしてスポーツデータ会社の副社長に転身したYさん。この年齢でキャリアアップできたのは、20代で稼いだ軍資金でアメリカ留学を果たし、マイクロソフトなどの外資系企業で働いたから。その後に勤めた日本の大手広告代理店での経験も生かして、さらに大きな成果を出すべく、新しい仕事に挑んでいます。

現在、立命館大学で教鞭をとる上久保誠人教授は、有名商社に勤めながら8年で退社を決めました。父親から退職金の援助を受けて、7年間もイギリスに留学して博士号を取得しました。政治学者として、テレビや雑誌などで発信を続ける上久保教授は「商社を辞めるという大失敗があったから今がある」と語っています。


あの時の、人生を変える決断が正しかったのか――それを第三者が判断することはできません。

5人の言葉から彼らの思いを読み取っていただければと思います。

前記の体験談から、会社員が自分の人生を大きく変えるために必要な方法が3つ見えてきました。

❶学び直すか
❷働く場所を変えるか
❸マインドを変えるか

いずれも簡単なことではありません。

しかし、どれか（あるいは、いくつか）を選ばなければ、彼らの今はなかったはずです。

ここで、3つの方法について掘り下げてみましょう。

50代からのキャリア戦略①学び直す

どんな人にも得意だった教科や科目、もっと学びたかったことはあるはずです。「学び直し」と聞いて、取得したい資格や身につけたい技術を思い浮かべた人もいるでしょう。

学ぶ直すにあたって、遅すぎるということはありません。

世の中には、すでにそれを取得（習得）としている人は必ずいます。これから目指す人（競争相手であり仲間）も相当な数、存在することでしょう。

まず、自分の興味がある世界のことを調べ、そこでやりたいことを決め、先行者に会ってアドバイスをもらい、それを参考にすれば、少しずつでも前に進めるはずです。

まずは、簡単なことから始めてみましょう。

- **学生時代に使っていた教科書や参考書、辞書**を眺める
- **得意だった科目の教科書**を読んで、**参考書**を解く
- 興味がある**資格試験の参考書**を読む（立ち読みでも可）
- **興味がある資格を持っている人**に会って、話をする
- **興味があるジャンルのスペシャリスト**に会って、話をする
- **社会人大学院**で学んだ人、通い始めた人に会う

苦労した先行者ほど、いろいろなことを教えてくれるものです。

もう一度言います。

学び直すのに、遅すぎるということはありません。

●50代からのキャリア戦略 ②働く場所（働き方）を変える

どんなジャンルでも、会社がひとつしか存在しないということはありません。

あなたが今持っている知識や経験、技術を欲しがる会社はきっとあるはずです。同じ業種でなくても、あなたが持つ財産は、「横転換」することによって、自分が思ってもみなかった場所で効力を発揮する可能性があります。

自分のことは、意外と、自分が一番わからないもの。

今いる場所ではないところで、あなたはもっと力を発揮できるかもしれない。

「場」や「役割」を変えることで、生まれる力もあるかもしれません。

そのために、これらのことを試してみましょう。

- 自分の**キャリア（誇れる実績）を棚卸し**する
- **自分の強み**を書き出し、ほかのジャンルでも**応用できるか**考える
- **転職サイト**に登録して、**マーケットを観察**する
- **転職して楽しそうに働く人**に会う
- **異業種交流会**など、さまざまなジャンルの人が集まる場所に行く
- 人事担当者、経営者など**自分と違う立場の人**の話を聞く

今すぐ動く必要はありません。

いつでも動ける「フリーエージェント」の状態に身を置くことで、素早く、次のステップに移れるでしょう。

あなたが働く姿を、きっとどこかで誰かが見ています。

目の前にいる取引先が転職のキューピッドになることがあるかもしれません。

50代からのキャリア戦略 ③マインドを変える

会社のために、家族のためにと30年も働き続けるうちに初心を忘れていませんか。

「できるか・できないか」で判断するのではなく、「やりたいか・やりたくないか」で考えると、違った世界が見えてくるはずです。

初心を思い出すために、残りの時間を有効に使うために、こんなことをしてみてはいかがでしょうか。

・子どもの頃に**憧れた職業とその理由**を思い出す！
・**10代、20代の頃に感動した映画**をもう一度見る！
・**10代、20代の頃に心を動かされた本**をもう一度読む！
・大好きだった**趣味を再開**する（楽器でも、スポーツでも、美術関係でも可）！
・**「まだ何者でもなかった」時代**を知る仲間に会う！
・**「行きたいと思いながら行けなかった」ところ**に足を運ぶ！
・**「ずっとやりたかったけど、やらなかった」こと**をやる！

人は成長するにつれて、「できるか・できないか」で判断することが増えます。そのうちに実現可能性の低いものには、チャレンジすることさえしなくなります。そのうちに、「できたかもしれないこと」が「できないこと」に分類されてしまうのです。

だから、もう一度、「できたかもしれないこと」にチャレンジしてみましょう。

人生１００年としたら、50歳でやっと半分。

実現可能性などを考えることなく、チャレンジしていたあの頃を思い出してみませんか。

マインドが変われば、あなたの周囲も一変する——舞台が変化すれば、これまでと違う一日がきっと始まることでしょう。

人事担当30年、Kさんの場合

ここで、第1章に登場した人事担当歴30年のKさんの「その後」に触れましょう。

１９８７年に女子短期大学を卒業後、第１志望の音響メーカーに入社したKさんは、会社を移りながら、人事担当としてキャリアを積み重ねました。専門職種の人材エージェンシー企業を退職したのは50歳になる前でした。

Kさんはこう振り返ります。

「私の父が亡くなったということもあり、『人間はいつか死んでしまう。このままでは後悔するんじゃないか』と思って、フリーランスとして働くことを決めて退社しました」

それまで、組織内のあつれきがKさんを悩ませていました。自分には〝人たらし〟の部分が弱くて、やりたい仕事ができないとも感じていたと言います。

Kさんは会社を離れました。組織から離れてリフレッシュしながら、**これまでの人事担当**

としてのキャリアを振り返り、できたこと・できなかったことを整理して、「やりたい仕事」について考えました。

「その後、企業研修企画や講師などもやりましたが、自分が自信を持って社会に価値を提供できるものは何かと考えた時に、『障がい者雇用に関わること』にたどりつきました」

Kさんは人材エージェンシー事業会社に在籍している時に、障がい者雇用のためのサテライトオフィスを郊外に開設することに責任者として関わった経験がありました。

「さまざまな企業で行われるようになった障がい者雇用の実態について、調べていきました。雇用する側も、雇用される側も、お互いにとって十分な状態ではないということがわかりました。

ハンディキャップという言い方は好きじゃないんです。障がい者の方々の存在をいかに社会になくてはならないものにするかということを課題に、組織をつくるところから始めました。できること・そうでないことをきちんとアセスメントして、できることをできるように業務フローを工夫したりすることで、会社の事業を支える力になると考えています」

企業側で採用する立場だったKさんが雇用される側の要望や思いを聞くことで、そこに安心して通い、働ける「場」ができたのです。

その後、Kさんは障がい者雇用を考える企業とのプロジェクト、コンサルを任されるようになっていきます。

そして、Kさんの仕事ぶりを間近で見ていたD社から「社員として一緒に」と声がかかり、およそ6年ぶりに会社勤めが始まりました（そのサテライトオフィスの設立や運営を事業として行っていたのが、現在、Kさんが所属している会社です）。前職では大きな組織の中で窮屈さを感じていたKさんですが、フリーランスとして仕事を行うことによって自分の役割や強みを再認識し、一歩前に進むことができたのです。

Kさんは言います。

「**転職もせずにひとつの会社で頑張ってきた人はどうしても世界が狭くなりがちです。**外の世界に目を向けて知り合い、友人を増やすべきだと思います。外の世界に触れることで何かが生まれるかもしれない。『知らない』ことがもたらす不幸はあります」

フリーランスとして働いている時にフィリピンに行く機会があり、多くの発見があったとKさんは言います。

「彼らには、日本人にはないパワーがあります。まだまだ生活が豊かではないけれど、幸福度は高い。

GDPとか社会インフラとかを見れば、日本のほうが優れていますが、みんな楽しそうに生きて、働いている。そんな姿を見て、幸せって物質的な豊かさだけじゃないんだなと思い知らされました」

大企業に勤める40代、50代には未知の世界を見る機会があまりありません。だからこそ、あえて「見る努力」が必要なのです。

Kさんは続けます。

「お給料が下がることはけっして負けではありません。新しい場所で得られるものがきっとある」

「外国に行かなくてもいいんですけど、自分の知らなかった世界に触れることで、『生き方はひとつじゃない』と思えるはず。もしそれで転職する勇気が出るならそれでもいいし、一歩前に踏み出すきっかけになればいい。

50年も生きていると『何でもわかっている』ような気になりますけど、自分が知らない世界は絶対にありますから」

●変化し続ける社会の中でどうやって生き残るのか

一度就職した会社で定年退職を迎える日まで働くこと、これはもう「普通」ではなくなりました。

終身雇用という言葉も無実化しています。家族経営を打ち出す会社は絶滅危惧種だと言えるでしょう。

〝バブル崩壊〟後、幾度かの経済危機に襲われた日本企業はもう、かつてのような体力も社員（とその家族）を守るという気概も失ってしまいました。

悲しいことですが、自分で自分を育て、働き場所を探す時代になりました。

もしこれから好景気を迎えたとしても、古きよき日本スタイルの企業はもう出てこないでしょう。

確実に、時代は変わりました。そして、これからも間違いなく、変化を続けていくはずです。

そんな中でどう生き残るのか――この大命題が私たちの前にあります。

再び、野田教授の言葉に耳を傾けましょう。

「お金のことだけを考えるのはつまらないことだけど、お金の現実を見ることは大切です。それによって安心できるかもしれないし、自分の置かれた環境の厳しさに気づくかもしれない」

医療の進歩は目覚ましく、日本人の平均寿命は延びています。ただ長生きするだけでなく、自分で生活を切り盛りできる健康寿命も長くなり、そのことによって、「死ぬまでに、いくらお金が必要なんだろう」と不安に感じる人が増えたのも事実。

「夫婦ふたりの場合、月に必要なお金は22万3０００円だと言われています。しかし、生活文化センターの調べによると、ある程度ゆとりのある生活を送るためには36万6０００円が必要だという。ふたりで23万円の年金があるとすれば、どうにかして残りの13万円を稼がないといけない」

月に13万円だとすれば、年間で１５６万円。そんな生活を20年間続けようと思ったら３０００万円が必要だという計算になります。３０００万円の預貯金を確保している人は多くはないでしょう。

野田教授は続けます。

「とはいえ、夫婦で月に13万円を稼ぐと考えれば、不可能なことではない。**ひとりあたり6万5000円ですから、どうにかなるんじゃないでしょうか。**この考え方を前提として、『楽しく働きながらこの金額を稼げるようにしませんか』と私はいろいろなところで話しています」

まだまだ元気な60代もその上の70代も、ただテレビを見ているだけではもったいない。社会に貢献できることはいろいろとあるはずです。

人生には仕事と社会とつながっている実感がどうしても必要だ

「アメリカを代表するポジティブ心理学者であるロバート・A・エモンズはこう言っています。『75歳まで楽しく働くための戦略を50代から立てましょう。**老後のウェルビーイングは、現役時代の後半の生き方で絶対に変わります。すなわち、受け身から主体的な生き方に！**』これが彼の幸福学です。このことを私は言い続けています」

会社に居場所を用意してもらうのではなく 自分が自分自身のオーナーになる

新入社員研修で社会人としての基礎を固め、さまざまな部署を異動しながら仕事を覚えるというのがこれまでの一般的なスタイルでした。しかし、これからはそうはいきません。

自分の武器は自分で探さなければなりません。

武器は使わなければ錆びてしまう。磨き続けなければ、いざという時に使えません。

戦場に合わせて、武器をバージョンアップする必要もあるでしょう。

会社に頼ることなく、誰かに任せきりにすることなく、自分で考えながら。

「これからは、『自分が自分のオーナーである』という意識を持たないと。**キャリアとは、『働くことを通じて志を実現する成長のプロセスである』というとらえ方を私はしています。**

そのためには、自分を信じて継続的に努力をしないといけない。まわりの信頼が得られなければ、自分を信じることは難しい。キャリアはひとりの力でつくるものではありません」

●小さな企て屋、小さな解決屋をつくる

野田教授は言います。

「会社に入ったばかりの新人に期待されるものと、中堅社員に求められるものは当然違います。40代に対するものも、50代に対するものも違うのは当たり前でしょう。それぞれの年代において、チームや仲間の期待に応え、信頼を積み重ねていかないといけない」

仕事を通じて、課長には課長の、部長には部長の、優秀なセールスマンには優秀なセールスマンの枠ができあがります。その枠をいっぱいにすることで、他者から認められることになるはずです。

「私が重要なポイントだと考えているのは、枠を外せるかどうかということ。ボーダーを超えて、外に飛び出してリーダーシップを取れるかどうか。それをやらなければならないと考えています」

課長の仕事しかできない。部長としてしか物事を考えられない。セールス以外のことがわからない。こういうことでは、別の会社に移った時、違う世界に飛び込んだ時に通用しません。

野田教授はこう言い切ります。


「会社にしてもらうのではなくて自分が座る椅子を用意する。次に進むべき道を自分でつくる」


そのためにはどうすればいいのでしょうか。

自分がどこで必要とされるのか？

そこで働くことで自分はどう変わるのか？

そう、自分でシミュレーションしなければなりません。

もう名刺は仕事をしてくれませんし、あなたの肩書には他人を動かすパワーはないと考えたほうがいい。

あなたは会社の従属物ではないし、会社は老後の面倒を見てくれる家族ではないのです。

「40代、50代の人は、期待されるシニアになるための準備を今からしないといけない」と野田教授は言います。

本書では〝バブル入社組〟の置かれた状況について厳しい見方をしてきました。しかし、彼らの持つ30年以上のキャリアがモノを言う時がきっと来るはずです。

「お金儲けができるかどうかは別として、高齢になっても小さな活動をできるようにすることが大切です。『小さな仕事をつくる能力』が次につながる何かをつれてきてくれるかもしれない」

50代を過ぎてから、誰も考えたことのない発明をしたり、世の中を変える仕組みをつくったりするのは難しい。従業員を何万人も抱える社長になることもきっとできません。

「あなたの経験を生かしたジョブをつくりましょう」と野田教授は言います。

「だから、**今あなたに必要なのは、価値創造のためのリスキリングです。小さな企て屋、小さな解決屋さんをつくりましょう**」

そのためにはどうすればいいのでしょうか。

自分でビジョンを描き必要なお金（経営資源）を確保しまわりを巻き込むことで成果を出す

これを繰り返していくことが必要なのです。

●学び直しながら次のビジネスの種を撒く

人事担当歴30年のKさんの話を再び聞きましょう。

「私も、フリーランスとして働いていてわかったことがたくさんあります。ずっと会社で勤める人に対して、自分で営業して、受注して、サービスを提供して対価を受け取るという体験をする『期限付きフリーランス制度』のような人事制度があったらいいんじゃないかと思っています。

お客さまに価値を認めてもらえないとお金はもらえません。このことを会社員は、わかっているようでわかっていない。だけど、一度経験をすれば、**『お給料って、勝手に振り込まれるわけじゃない』と理解できると思います**」

Kさんは、ある成功事例を教えてくれました。

「仕事柄、電通にも知り合いがいるのですが、この間、電通が始めた面白い取り組みの話を聞きました。誰もが知っている大きな会社だし、社員のお給料も高い。会社としての新陳代謝をよくするための試みとして、会社に属しながら、ニューホライズンコレクティブ社が提供する『ライフシフトプラットフォーム』に参加できるようにしたそうです」

この制度は「新しい学びの場」「新しい仕事の機会」「仲間・チームづくりの機会」を得ながら、新しい価値発揮のあり方を模索していくもの。

ここではさまざまな専門性を持つビジネスパーソンが、自律したプロフェッショナルとして中長期的に価値を発揮し続けることができる基盤をつくっていきます。まさに再出発を後押しする制度といえます。

2023年1月には、電通社員以外にも門戸が開かれ、日本たばこ産業の早期退職者が参加することになり、NECやパナソニック、JALなどの企業在籍者も参加するようになっているとのこと。

「知人は、この制度を利用する人をたくさん送り出すと同時に、自分も手を挙げたひとりです。給料を保証してもらいながら、ある程度の仕事を与えられながら、新しいことを学ぶ場でもあります」

3年間という期間が決まっているため、のんびりはしていられません。

「学び直しのチャンスを与えながら、次のビジネスにつながる種を撒く。少し守られながら、次への階段を上がっていくという仕組みです」

さまざまな会社で早期希望退職を募る際には必ず転職支援が付いていますが、それでも転職は簡単にはいきません。

「会社として転職支援の機会を設けますが、あとは人材紹介会社にお任せというのが実際のところでしょう。私は転職先を紹介する前に社員のマインドセットをする必要があると考えていますが、そこまでするのは難しい。

少しでも段差を小さくしてあげられたらなと思っているので、そういう意味でニューホライズン社の試みは素晴らしい」

●棚ざらしにされて手つかずの課題を探す

「会社のことだけを一生懸命にやっていればいい。そういうふうに会社員に仕向けたのは会社です。本人じゃない」と野田教授は言います。

本来持っていたはずの〝野生の力〟を奪い、自分で生きる力を削いだのも会社。

野田教授は続けます。

「長く、社員に受け身であることを強いて、『会社の言うことを聞け』とやってきたんですよ。会社が一意専心にさせたんです。今になって会社に『どうしてくれるんだ！』となるのはわかるけど、怒っても仕方がない」

「会社に奪われた〝野生の力〟を取り戻そうと40代、50代の会社員に言いたい」

30年前にはなかったものが会社にもビジネスの世界にもあふれています。ＩＴ技術は日々進化し、コミュニケーションは複雑化しています。

「でも、『新しい仕事は若い人にしかできない』というわけではありません。新陳代謝の激しい世の中ですが、温故知新という言葉もあります。昔を知っているからこそ、キャリアがあるからこそ出てくるアイデアもあるはずです」

野田教授はひとつの成功例を出します。

「プロテックは、日立製作所の中央研究所の技術者だった古賀康史さんが定年退職前に、同期４人で定年後の人生について話し合ってできた会社。『技術者生活40年で培った技術を生かして、世の中の役に立ちたい』とみんなで考えたそうです」

２００９年に古河総研と改称されたこの会社は、約80名からなる技術者の知恵を結集して、技術コンサルティング・評価、新技術の事業化支援、科学技術論文の翻訳・抄録などを行っています。

「古賀さんたちがはじめにしたことは、科学技術論文の抄録づくりでした。エンジニアは最先端の技術書をたくさん読まないといけないんですが、彼らには時間がない。だから、60代、

70代の技術者が代わりにやる。そこから始めて、エンジニアのメンターのような存在になっていきました。最先端の技術を理解しているし、これほど頼りになる人たちはいませんよ」

知識や経験、技術も備えた仲間と何かを始めるという方法もあります。

「**世の中には、『本当はやらないといけないんだけど、忙しさにかまけて手を付けられないこと』が山ほどあります。**棚ざらしになっている課題を探して解決すれば、立派なビジネスになりますから」

はじめは小さいことでもいい。何かを始めることが大切なのです。

50年以上も生きてきて、ある日突然スーパーマンに変わることはできません。

よくも悪くも、あなたはあなたでしかない。

ただ、これからの10年、15年を働きながら生きていくためには、「昨日と同じ」ではいられないのもたしかです。

変わることは難しい。これまでと違うことをするのには勇気がいります。

だからこそ、一歩を踏み出しましょう。

自分が変わることを楽しんでください。

何歳になっても大丈夫！
いつの日か、自分自身の成長を実感することができるはずです。
そして、今後の人生がもっとカラフルになると私は信じています。

第5章のポイント

50歳からのキャリア戦略 ①学び直す

学ぶ直すにあたって、遅すぎるということはない

50歳からのキャリア戦略 ②働く場所（働き方）を変える

あなたが今持っている知識や経験、技術を欲しがる会社はきっとある

50歳からのキャリア戦略 ③マインドを変える

「できるか」ではなく「やりたいか・やりたくないか」で考える

バブル組への提言

「会社に奪われた〝野生の力〟を取り戻せ！」

おわりに

1990年春、私が大学を卒業して入社した会社は、創業20年にも満たないベンチャー企業でした。

社長も役員もまだ30代。会社の人口ピラミッドはいびつで、当然のことながら年配の人がほとんどいませんでした。

だから、30数年後に訪れるであろう自分の定年退職間際の姿を思い浮かべることはありませんでした（取引先も30代、40代が多い業界でもありました）。

〝バブル採用組〟である私（体育会野球部所属）は大学時代にまったく縁のなかったサークル活動をしているような、のんびり、和気あいあいとした新入社員生活を送ったのです。

あれから30数年が経ちました。若さにあふれていたその会社も創立50周年を迎えました。創業社長は古稀を過ぎ、学生ノリでイケイケだった社員たちも定年を迎え、ひとりふたりと会社を去っていきました。

20年ほどベンチャー企業で育てられた私は43歳で初めての転職。数社を渡り歩いたあとに、老舗の出版社の編集者として勤めはじめました。「このまま編集者を続けられれば」という私のささやかな希望はある日、潰えることになります。上司である局長から直々に「希望退職」という名のリストラ勧告を受けたのです。

対象者は45歳以上、勤続5年以上のはずでした。47歳の私はまだ入社して2年ほど。資格を満たしていなかったのに、あえなく対象者となったのです。就職支援という「サービス」がついていたものの、出版、編集という限られた職種で新しい職場を見つけることは容易ではありませんでした。

40代で初めての転職を経験した私といえども、47歳になって新しい会社に雇ってもらえると思うほど楽天的ではありませんでした。職探しで鬱々と日々を過ごすくらいならと考え、独立を決意します。もちろん、事務所もなく、従業員もおらず。フリーターと一文字違いのフリーライターになったのです。

同じ頃、学生時代の同期や先輩・後輩は、生命保険、銀行など金融の世界で、旅行、不動産、食品・飲料、百貨店などさまざまな業界でキャリアを積み重ねていきました。「支店長になった」「所長になった」「執行役員になった」という声も聞こえてきます。会社員でなくなった自分にとって関係のない話でした。

それから数年が経ちました。はじめに銀行員の職場が変わり、部長や局長だった人たちも役職から離れることになりました。気がつけばみんな、50代半ば。「終身雇用」だったはずの会社人生の終わりが見えてきたのです。

しかし、「人生」の先行きは不透明で、何も見えずにも困っている（もがいている）50代が多いことに気がつきました。私と同じように早期退職によって会社を離れたあと、なかなか就職先が決まらないという先輩や後輩の噂も聞こえてきました。

バブル経済の崩壊後、日本における「失われた30年」によって、バラ色の老後は夢物語になりました。まだまだ仕事を引退できない……なのに、どうしていいかわからない人がたくさんいる。そこで私は、同年代の会社員や元会社員に話を聞きました。

あなたはこれから、どうやって生きていきますか？ 10年、15年先までどんな働き方をしますか？

その結果、たどりついたのが本書に書いた3つの答えでした。

誰にとっても、過去は大切なもの。成功体験を忘れられない人が多いのも事実でしょう。

しかし、それだけでは食っていけないという現実が目の前にあります。

現実を見るのは誰だって怖いもの。避けて通れるものならば、そうしたい。でも、それでは何も変わりません。あなたを救ってくれるヒーローが現れることはないのだから、自分の力で問題を解決し、状況を打破するしかないです。

考えようによっては試練です。しかし、考え方を変えることができればチャンスになります。まだ使っていない能力を、これまで生かしてこなかった技量を、これから身につける知識を駆使して何かができるかもしれないのです。


残り少なくなった「人生」を実りあるものにできるかどうかはあなた次第。もう一度力を振り絞って、チャレンジしてみようではありませんか！

2023年12月　元永知宏

本書内容に関するお問い合わせについて

このたびは翔泳社の書籍をお買い上げいただき、誠にありがとうございます。弊社では、読者の皆様からのお問い合わせに適切に対応させていただくため、以下のガイドラインへのご協力をお願い致しております。下記項目をお読みいただき、手順に従ってお問い合わせください。

●ご質問される前に

弊社Webサイトの「正誤表」をご参照ください。これまでに判明した正誤や追加情報を掲載しています。

正誤表　https://www.shoeisha.co.jp/book/errata/

●ご質問方法

弊社Webサイトの「書籍に関するお問い合わせ」をご利用ください。

書籍に関するお問い合わせ　https://www.shoeisha.co.jp/book/qa/

インターネットをご利用でない場合は、FAXまたは郵便にて、下記“翔泳社 愛読者サービスセンター”までお問い合わせください。
電話でのご質問は、お受けしておりません。

●回答について

回答は、ご質問いただいた手段によってご返事申し上げます。ご質問の内容によっては、回答に数日ないしはそれ以上の期間を要する場合があります。

●ご質問に際してのご注意

本書の対象を超えるもの、記述個所を特定されないもの、また読者固有の環境に起因するご質問等にはお答えできませんので、予めご了承ください。

●郵便物送付先およびFAX番号

送付先住所　〒160-0006　東京都新宿区舟町5
FAX番号　03-5362-3818
宛先　（株）翔泳社 愛読者サービスセンター

※本書に記載されたURL等は予告なく変更される場合があります。
※本書の出版にあたっては正確な記述につとめましたが、著者や出版社などのいずれも、本書の内容に対してなんらかの保証をするものではなく、内容やサンプルに基づくいかなる結果に関してもいっさいの責任を負いません。
※本書に記載されている会社名、製品名はそれぞれ各社の商標および登録商標です。

著者紹介

元永知宏（もとなが・ともひろ）

1968年、愛媛県生まれ。立教大学野球部４年時に、23年ぶりの東京六大学リーグ優勝を経験。大学卒業後、出版社勤務を経て独立。『トーキングブルースをつくった男』（河出書房新社）、『荒木大輔のいた1980年の甲子園』（集英社）、『殴られて野球はうまくなる!?』（講談社）、『レギュラーになれないきみへ』（岩波書店）など16冊の著書がある。『期待はずれのドラフト１位』（岩波ジュニア新書）、『プロ野球を選ばなかった怪物たち』（イースト・プレス）でアスリートのセカンドキャリアに迫った。

監修者紹介

野田稔（のだ・みのる）

明治大学大学院グローバル・ビジネス研究科教授。リクルートワークス研究所特任研究顧問。著書に『当たり前の経営』（ダイヤモンド社）、『コミットメントを引き出すマネジメント 社員を本気にさせる7つの法則』（PHP）、『役職定年』（マイナビ）など。

まだまだ仕事を引退できない人のための
50代からのキャリア戦略
"バブル入社組"のリアルな声から導き出した３つの答え

2023年12月25日 初版第1刷発行

著　　者　元永 知宏
監　　修　野田 稔
発 行 人　佐々木 幹夫
発 行 所　株式会社翔泳社（https://www.shoeisha.co.jp）
印刷・製本　株式会社広済堂ネクスト

本書へのお問い合わせについては、247ページに記載の内容をお読みください。
造本には細心の注意を払っておりますが、万一、乱丁（ページの順序違い）や落丁（ページの抜け）がございましたら、お取り替えいたします。03-5362-3705 までご連絡ください。

ISBN978-4-7981-8306-0　　Printed in Japan